少林寺拳法有段者の小説家が「女性向け護身術」に噛みつく

川合宣雄
Kawai Norio

前書き

世の中には、いわゆるネットでの情報があふれかえっています。それらは悪意に満ちたものから、善意がこぼれるようなものまで、まさに玉石混交、有象無象、我田引水、奇奇怪怪なワールドが展開されています。

それは「女性向け護身術講座」などと称されるホームページなどにも共通して見られるあぶなっかしさであって、よっぽどしっかり取捨選択しないと、生兵法は大怪我のもと、なんてことにもなりかねません。

それならば現代に生きる女性は、いったいどうしたらよいのでしょうか。自分の隣に立っている見知らぬ男が、なにを考えているのかがわからない、というのは昔からですが、今は以前とは明らかに違って、その行為の異常さが激しすぎます。

一見まともに見える若者が、いきなり路上で刃物を取り出してめったやたらに通りがかりの人間に切りつけるとか、電車内に放火して刀を振り回すとか、そうかと思うと幼児を抱いた母親に笑顔で近づき、あやす振りをして赤ちゃんの足の骨を折るなんて人面鬼までいます。

もうこうなると、危機回避術の極めて初歩の段階を応用して他人を遠ざけるしかないのですが、やはり最終的に接近あるいは接触は避けられない事態となった場合の護身格闘技術が必要になるのです。

この際にやっかいなのは、相手がどんな意図を持っていて、その目的を達成するためにどんなアタックを仕掛けてくるのか分からないということと、そんな事態が突発的に発生するケースが多いことです。

だから常に周囲に気を配り、この状況であればこんな突発事態が起こりうるだろうと予測し、さらにはその予測を越えた相手の対応をも考慮して、複数の対処法を考えながら外歩きをしなければならないのです。

そんな緊急事態に自分が襲われるわけがない、と考えるのが普通の人ですが、それこそが正常バイアスの罠にどっぷりと浸かってしまっている証拠です。そんな風にのんきに構えていて、今まで一度もアクシデントに遭遇していない方が奇跡なのですから、ここで本気を出して心を入れ替えて下さい。

そうなると、いかにも単純に攻められて、簡単にワザを返すのがどれほど無意味なのかが分かりますよね。手首を握られて、相手の側方に歩いて回ったり、肘をぶつけるようにしてこねくり抜くなんてまったく無理なのですが、その理由は相手の意図を考慮していないからです。

例えば相手が自分の右手首外側を左手で順に握ってきたケースを参考にすると、実にあり得ない状況下で護身術と称される対応策を教える人が多いのです。

相手の横に回って同じ方向を向き、肘を重ねる風にしてこねくり抜くか、それとも対面したままで指先を上に向けて抜く、と教わるケースがほとんどですが、その間、悪漢役の人が何もせずに突っ立ったままでいるのが解せません。

こんな風に手首を取られた場合、とても危険だというのは、相手が有利で盤石な体勢にあるからです。それなのに護身の技術だと称して技を教える人は、まったく相手の動きを想定もしていないのです。だからそんなワザをいくつマスターしたところで、実際にはまったく役立たないのです。

ちょっとでも急所を知っている人なら、手首外側に人差し指の付け根を当てた途端に相手を激痛で倒すことが可能ですし、浅く握って手首を曲げて下から支えれば、相手はつま先立ちになってどうにでも料理ができるのです。

それは少林寺拳法の技術にありますし、柔道ワザであれば背負い投げなどの応用ワザは少なくないでしょう。

投げ技系でなくとも、攻撃側の右手がフリーなのですから、さまざまなパンチやいたずら手、または対象の反撃に対応しての追加補助的なさばき手を繰り出すことができるだろうことは、格闘技を体験したことのない人でも容易に想像がつくでしょう。

右手が利き手の人の方が圧倒的に多いのですから、右手を制されたら不利だという状況をわざと作り出しているのがこのつかみ手であって、冗談ではなく危険な体勢だと認識しなければなりません。

それでは明らかに攻め手側よりも非力な女性が、右手首外側から相手左手で順に握られた時、相手の言いなりになるしかないのでしょうか。答えはやっぱりつかまれた手を振りほどくとなるのですが、その前提条件に誰ひとりとして触れていないからやきもきしているのです。

つかまれた女性が防御態勢も取らず、相手のつかむ力を減衰させもせずに抜き技に入っていくことを論難しているのであって、百パーセントの力で握られている手をそんな生ぬるいやり方では絶対に振りほどけはしないと保証します。

本当はこの項目は、もっと技術解説が進んだ後の方で披露しようと思ったのですが、それならおまえはどうするんだ、と突っ込んでいる人が多いようなので、本当に女性が護身に使える技術はこういったものだと伝えるために書き記してみます。

話はいささか逆説的になりますが、襲ってきた相手の力が百パーセントの効果を発揮するための4条件があります。それらの条件のうち、ひとつでもふたつでも崩していくと伝わる力が減っていくのであって、それらの対処があって初めて抜き技が成功するのです。

1　手首が生きている・・・・肘から手首にかけてのラインが直線的な状態で、パワーがストレートにつかみ手に伝わってくる。押し引きのときは真っ直ぐだが、仕掛けによっては内手首が外に折れ曲がることもあり、危険度に大差はない。

2　手のひらが強く圧着・・・・次の指の向き合い方と強く連携しているのだが、指の腹から手のひらまでの全部がこちらの肌に隙間なく圧着している状況。衣類の上からでも同様で、つかみ手のパワーを伝達する要素としては最大の条件ともいえるもの。

3　4指と親指が向き合う・・・アタックなり次の動作なりによって多少のばらつきはあるにしても、親指と他の四本指のどれかは向かい合わせの状況になっている。人差し指が参加していないこともあるが、いずれにしても指関節が深く曲がって指先が食い込んでいるから、ここからも強力なつかみパワーが生じている。

4　手首骨格の山部に指関節が引っかかる・・・これは手首の細い部分を握られたときに限定される条件だが、平べったい手首骨格のうち、薄くなった部分に指関節がしっかりとまとわりついた状況をいう。扁平な骨に手のひらが密着し、すべての指関節が薄い骨部分に食い込んでいるから、このままでは動きがとれない。

以上がつかみパワーが伝わる4条件ですが、それでは自分の手首を反対側の手で握って、さっそく実体験を始めて下さい。握られるのがどの部位でも、握っている側がこの4条件を満たしているのが分かるでしょう。そして自分で強く握りしめた3倍の力を想像してみれば、軽い気持ちでは振りほどけないのを実感するでしょう。

現実にそんな力で手首などをつかまれ、振り回されたり押し倒されたりするのですから、生半可な護身術など役立つはずもなく、だから私が警鐘を鳴らしているのです。

そもそもこの本は、今後刊行予定の「〇〇小説家が△△に噛みつく」シリーズの一冊目にあたり、さっそくいろんなジャンルの女性向け護身術と称される講座に噛みつくことにします。

え、つかみ4条件を崩す方法ですって、それは本文の中で丁寧に解説しますから、とりあえずどんな風に噛みついているか読み進んでみて下さいな。

2023年3月

川合 宣雄

◆目次◆

第二章 本に書かれたことも鵜呑みにしない方がいいかも

―何冊かの本を読みくらべました―

第一章

ネット情報を鵜呑みにするとあぶないよ

――いくつか県警のＨＰを拝見しました――

僭越ながら、最初にやり玉に挙げるのは、警察関係のホームページからです。警察なら多分、ぼろくそにけなしても仕返しはしてこないだろうと思うからです。と同時に、読者の皆さんを過激な罵倒に馴らしておきたいとの思いもあります。

兵庫県警チャンネル　女性のための護身術

護身術とは危険な状態から自分の身を守るための方法です。

基本その１　攻撃が目的ではない。

その２　逃げる・大声を出す。

その３　力の勝負は挑まない。

その４　間合いを大切に。

こんな項目が先にあげられていて、人間は逃げようと思って行動に移すまでに０・４秒かかるが、相手はその間に１・６メートル進むので、理想的な間合いは２メートル以上なんて説明もあります。

そこから実技に入っていくのですが、前書きで触れたような手首の取られ方をした場合の対処として、まずつかまれた方の手を開き、逆の手を合わせて握手するように重ね、肘をぶつけるようにして組んだ両手を自分のほうに引きつけ、相手の手が離れればすぐに逃げましょうとあります。

それとは逆に、手を交叉するように手首内側をつかまれたばあいも、片手を開き、握手して、組んだ両手を回して振り下ろせば振りほどくことができますと教えています。

この手の指導者はそのほとんどが、手首をつかまれたらまず手を開くと教えるのですが、それは間違いです。相手がきつく握っている場合、手をパー状態にすると余計に力が加わるのは、自分で実験しても分かります。

五指を張ると、手首にも緊張が走って、握っている相手の手指の力が増すことが多いのです。あるいは力はそのままでも、骨格が固締まってしまうので皮膚との間に余裕がなくなり、相手の指の輪の中で手首をすべらしてずらすことが不可能になる結果として、抜きも外しもできないのです。

それなのに講座でいとも簡単に手が外れてしまうのは、攻撃側が本気でやっていないからであって、一度でも全力の力で掴んでご覧なさい。前書きで書いたみたいに4条件が揃ったら、まずそのパワーを減らさなければ絶対に振りほどけませんから。

だからこれらのケースでは、逆に指先をすぼめないと、次のステップには進めないはずなのですが、ここらから間違っているから、そのワザは本当に使えますかとなるのです。

たとえ相手が両手で腕の上から手をつかんできても、相手の腕の間に手を突っ込んで自分で握手、自分の肘を支点にして組んだ両手を引き上げると、離れることができます、とあり、別法として、相手が引っ張る力を使って、両手を合わせて突き出す方法も紹介されています。この際は勇気を出して一歩前に出ましょう、なんて具合にあおっているけれど、本当にいいのですか。

片手同士のつかみ合いでさえも十分に不利なのに、自分の方から先に両手を組んでしまったら負けだという理由は、相手が手をこねくり抜かれるのをボーと突っ立って見ていないだろうと考えれば分かるし、両手でつかまれて一歩踏み込めば余計に引き寄せられるのも明らかです。

こんな風に相手の行動を無視した護身術は、実際には使えないということを言いたいのであって、特に兵庫県警に恨みがあるわけではありませんよ。

このチャンネルでは、背後から抱きつかれた、首に腕を回された、痴漢の被害に遭ったなどの他、応用編もありますから、興味のある方は参考にして下さい。

富山県警　子ども・女性安全対策室

悪い奴が前から近づいてきた場合は、腕を伸ばして相手のあごを突き上げて逃げる、後ろから抱きつかれたら相手の足をかかとで踏む、または体を沈めると同時に両手を前に突きだして逃れる、この際にどちらかの足を後方に引いて膝をつくようにしてすっぽりと相手から体を抜くとよいでしょう、なんてワザが紹介されています。

こんな風に噛みつきポイントがいっぱいだと、俄然やる気が出ますが、ここではあご突きだけ取り上げます。

相手が前から抱きついてきた場合、相手のあごに手を当てて思い切り突き放して逃げましょう、というワザですが、悪い奴が両手を伸ばしている間に片手を突っ込めば、あご突きをする前に腕をつかまれてしまうでしょう。

よしんばうまくあごに手が当たったとしても、相手が両手を前に突きだしたままで後ろに倒れるには、かなりの力と押し込む距離が必要であって、これなども攻撃する側が非常に協力的であることを物語っています。

相手は抱きつこうとして両手を前に出しているのだから、その中間に腕が伸びてくれば無反応ではいられないし、そもそも害意があってのアタックだから、あごを突かれたくらいではひるまないことも十分に考えられます。

だからもしもこんなケースを出すのならば、攻撃側の対応変化に応じて、少なくとも5種類くらいのワザを提示する必要があります。もっと幅広く変化ワザまで考慮すると、数十種の対処法が示されなければなりません。

初歩の講座なんだから、そんな本格的に考えなくてもいいじゃないか、と思う人もいるでしょうが、護身術ごっこじゃすまないから口を酸っぱくして主張しているのです。実際の現場でこんな風に女性が襲われた場合、本当にこの程度のワザで逃げられるとは思えないから苦言を呈しているのです。

やはりある種のアタックに絞って対応変化ワザをいくつも研究することが必要であって、総花的な講座はデメリットの方が多いのではないでしょうか。だから各県警で得意分野を作って、その対応策ならどこにも負けないという競争をして欲しいと思います。

手首をつかまれる対処法もありますが、やはり兵庫県警と同じように自分の両手を組み合わせるやり方で、首をかしげてしまいました。

犯罪被害に遭わないためには、
・暗い夜道の一人歩きはやめましょう
・防犯ブザー等を持ち歩きましょう
・携帯電話を操作しながらの歩行は注意力が散漫になり、犯罪被害に遭いやすくなります、等の字幕が出て終わりですが、ナレーションをやっている女性の奇妙なイントネーションが耳に残った講座でした。

島根県警　身につけよう！　まさかの時の護身術

逮捕術の達人らしき人物が出てきて、護身術とは相手を倒すのではなく、自分の身を守るためであって、その場から逃げ出すための術であるとの字幕から始まります。そのために発想を豊かに、機転を利かせること。

注意事項としては、持ち物は惜しまず捨てて逃げる、緊急の時に大声が出せるように練習する、等があります。

実技に入ると、同じような肘寄せが最初にあるのですが、次に紹介されたワザを見てびっくり、なんと小手返しを初心者にやらせて、またみごとに相手がひっくり返っているのです。

心得のある人が畳の上でやっているから、割と平気でコロコロと倒れますが、一般人は倒されることに対して本能的な怖れを抱いています。ましてや路上だったりすれば、なんとかして倒れなくてもすむようにあがくはずです。しかも相手はか弱い女性を襲おうとしている悪漢ですから、手首をつかむ力も相当に強いでしょう。そんな屈強な男に、初心者が小手返しとは・・・。

この講座で披露されているのは、自分の右手首外側を、相手も右手で上から押し込むようにつかんでいるケースです。相手の手の甲に自分の左手親指を当てるように握り、相手の手首をひねって関節を極め、そのまま真っ直ぐに押し込むと相手は関節の痛みから自然に仰向けに倒れます、なんて解説もついてますが、大丈夫なんでしょうか。

こんな風に握ってくる相手の意図を考えると、腕を逆にひねりあげて脇の下から頭を抜いてのハンマー投げが思い浮かびます。だからかなりきつく斜め下に押しつけられているのに、守法もとらずに左手を返しただけで攻撃側が手を離してしまうなんて、茶番もいいところです。しかも抜いた右手を重ね、肘も手首もロックされていない状態で押し込むと大の男がばったり後ろに倒れるなんて、まるで不条理劇でも見せられているようじゃありませんか。

立っている人間を倒すのは、容易なことではないのです。本能的に足でバランスを取るし、フリーな方の手で何かをつかんで支えようとするからです。

それ以前の問題として、体勢の崩しがまったく問題にされていないのも大問題です。体勢の傾きを逆の足を踏み出すことで解消するのは、よちよち歩きの幼児でさえする本能的行動ですから、大のおとなが反応しないのはおかしいでしょう。

体重がかかっている足の真下に向けて頭を落とすとか、両足に均等に体重がかかって足を踏み出せないとかの状況を作ってからでないと人間を倒したり引っくり返したりはできないのであって、認識不足ではすまされません。

それなのに最初から倒されるつもりで、あいた手で受け身の準備なんてしているのだから、参考にもなりません。

こんな甘い効かせ方では、足を半歩後退させただけで倒れないし、足をそのままで肩を回しただけでも「小手返し」を無力化することができます。それどころか相手の手首を両手でつかんで入れ違いに立つ女性は、大変なピンチにもおちいるのです。

プロレスファンならすぐにウエスタンラリアットを思いつくでしょうし、男が体を回転すれば女性のバックを取る体勢になり、首絞めでも押し倒しのしかかり〇〇でもやりたい放題になってしまうのです。

おそらく県警職員であろう演者に悪気はなくても、小手返しがこんな程度の技術だと思い込ませてしまうのは大変な害毒です。肩から肘、手首までが完全にロックしての投げへの移行を無視して、いつまでもお遊戯会みたいな護身術を発表し続けるのは、百害あって一利なしといえるでしょう。

次の合掌取りは愛敬としても、背後から後ろ襟を握られた時の肘払いとか、背後から首を絞められた際の首抜き固めなんてワザは承服しかねますね。そんなゆるゆるの襟取りなんて誰がやるんだという弱さだし、襟巻きみたいに腕を軽く回してどうするつもりなんだレベルなのですから。

そもそも後ろからの首締めを、腕をあごの下に回すだけのアタックにしている講座が多いのですが、本来ならば両手で首を絞めるでしょうし、あごの下に片腕を回すにしても、もう一方の後頭部を攻める腕をつかんで極めるのが普通であって、こんな風な大甘アタックだったら護身術じゃなくても逃げられるって。

その他の対処法として、目、耳、鼻の先、股間、スネ、足の甲などがあげられてましたが、この中で鼻だけはやらない方が無難でしょう。なぜなら鼻血はわりと簡単に出るし、相手に出血させればすぐに過剰防衛という話になってしまうからです。

その他として、バッグ、携帯電話、傘など携帯品を活用するともありましたが、現代女性が必ず持っているのはスマホでしょうか。この角を使って喉や目を突くのは有効ですし、有力な痴漢対策にも使えます。

周囲に助けを訴えるアプリを入れておいて、痴漢に触られている最中に周りの人に画面を見せて助けてもらう、なんてまだるっこしい方法ではなく、ダイレクトに活用しましょう。

まず痴漢の状況にもよりますが、多くの場合は満員電車などの中でお尻を触られるといった被害でしょう。その際に自分の体側から腕を回し、ヒップに伸びている手を撮影します。

今のスマホはシャッター音が義務づけられていますから、これでほとんどは撃退できるでしょうが、それでもしつこくタッチしてきたら、今度は肩越しに自分の背中を写しましょう。

それでも執拗に痴漢行為をやめない痴れ者だと分かったら、初めて高い場所から背後の人物を撮影して、触っていた痴漢を特定して警察に突き出します。

背後に立つ人物の顔を最後まで写さないのは、肖像権の問題があるし、その前段階でかなりの確率で行為をやめると思うからです。他人のお尻を無料で触るなんて、人間の風上にも置けない卑劣漢ですが、気をつけなければならないのは無実の男を訴えてしまうことであって、満員電車に乗った真面目な男性は疑われないように、全員で両手をホールドアップ状態にしているとよいでしょう。

警察関係では、他にも愛知県警の講座もありますが、あまりにもアホらしいのでカットさせていただきましたのであしからず。

警察関係の女性向け護身術講座をボロクソにけなしてきましたが、どうか刑務所送りにはしないで下さい。権力側が平民を罪に陥れるのは簡単なことであって、私はそんな無駄な闘争に巻き込まれるのはまっぴらですからね。

まあそれは、半分冗談ですが、それでは各県警の講座はどうあるべきなのでしょう。私の提言としては、一系統のアタックに対してのすべての応用変化ワザを示すべし、となります。

例えば手首を取られる場合でも、相手の思惑によってずいぶんと対応策が違ってくるはずです。だから一種類のワザだけを提示してよしとするのではなく、ひとつのつかまれ方でも、引かれた場合や押された場合、フリーな手で殴りかかってきたとか喉を絞めてきたとか、あるいは柔道ワザで投げられる、肘関節を逆に肩に担がれる、なんてケースが考えられるわけであって、それらのすべてに対応するとなれば、それこそ何十という技術の提示が必要となるのです。

そんな大げさな、と思う関係者が多いでしょうが、少しばかり立ち止まって考えてもご覧なさい。

例えばこれらの講座を見た女性が、夜道で同じような状況に陥って、ラッキーとばかりにワザを繰り出してもまったく効かずに、かえって逆上した犯罪者の餌食になってしまう場面を、または後ろから首を絞められた女性が冷静に腕を前に出して体を沈ませたところ、相手の腕が喉に食い込んで失神しちゃう場面を・・・です。

講座で習ったとおりのことを実践して、うまくそのワザが通用したとしても、ふたたび捕まって今度はまったく想像もしない厳しいアタックでぐうの音も出ない女性は、逃げ足が遅いからだと非難されるのですか。

そこまで考えると、安易に講座で総花的にいくつかの護身術を披露することが、どれほど罪作りなことかお分かりでしょう。

だから各県警におかれましては、攻撃技を限定して、その応用変化ワザに特化した講座をして欲しいと要望しているのです。

日本中の都道府県の警察が、得意分野を掘り下げて、結果的にあらゆる攻撃に対しての防御ワザが複合的に示されれば、日本女性のための本当の護身術になると思うのです。

警備会社のＡＬＳＯＫ

次には民間企業の主催している講座を覗き見してみます。いくつかある中で、熱心さというか、バラエティに富んでるというか、ユニークというか、とにかくその数が格段に多いのが、ＡＬＳＯＫの講座でしょう。

合気道歴35年という山ちゃん先生が、護身術をかみ砕いて伝えるとのコンセプトですが、秀逸なのは「普通の女子」代表、合気道はまったく素人の泉ちゃんで、身長154センチの黒髪少女です。

ちなみに暴漢役は、身長178センチ、体重86キロの「本職は正義の味方」さんですが、いかにも強そうな巨漢なので期待が持てそうです。

最初のワザは片腕をつかまれた時に逃げる方法で、題して「小さく大きく回して牛乳を飲む」手の取られ方としては、手のひらを上に向けた右手を、相手左手で上から掴まれるというもので、誘いだとしても手首の動脈が丸見えになるのはどうかとも思いますが、とにかく先に進みます。

暴漢に握られた手を開き、小さく内回しするときれいに離れ、やや大きく内旋するとみごとに抜け、そして牛乳を飲む動作で完璧につかんでいた手を振りほどくことが出来るのです。

もう一度同じ状況での解説がありますが、取らせる手が左手になっただけでなく、手のひらが下を向いた構えにも変わっていて、対応するワザとしては別種だろうとも思いますが、山ちゃん先生は細かいことに拘泥せずに話を進めていきます。

実践編で泉ちゃんが出てきて、同じようにやるのですが、当然ながらうまくいきません。それもそのはず、彼女はいいとこ育ちのお嬢さんらしく、上半身であがいているときでも、両足を真っ直ぐにしてつま先を揃えているのです。

いかにも素人丸出しの起用に好感が持てましたが、こんな初心者が本当に護身術が出来るようになるのでしょうか。

二度目のチャレンジではアドバイスが入って、肘をあげずに小指側から絡めるようにするとうまく離すことができました。

大きく回すでは、腰を振ってから肘を支点にして振りほどき、牛乳を飲むでは、「手を開く、肘を支点にする、牛乳飲むー」の号令で出来るようになりました。

それにしても暴漢さん、泉ちゃんにはかなり強く握って離さないのに、山ちゃんだと簡単に餌食になってしまうのは、実生活では師弟関係にあると見ましたが、はたしてその実態は？

いずれにしてもこの実習の中で一番上達したのは泉ちゃんで、途中からは指導もされないのに足を前後にずらすようになっていて、今後の成長が楽しみです。

続いては両手でつかまれた場合の対処法で、名付けて「洗顔」、両手をつかまれた場合、肘を突き出して顔を洗うようにすると外れます。

　泉ちゃんがやってみると、奇妙に中途半端な体勢で膠着状態になってしまいましたが、おそらくこれが普通でしょう。ところが「手首を支点にして肘をおとすー、一歩前に出て、はい洗顔ー」と横から指導されるとみごとに相手のつかみ手を振りほどくことが出来たのであって、あれは暴漢さんの演技力に軍配が上がりますな。

　次は後ろから抱きつかれた時には「万歳で逃げる」講座でした。最初は模範演技ですが、暴漢の両手が背後から胸のあたりに伸びたので期待したら、やっぱりゆるい輪っかしか作りませんでした。別に落胆もしませんが、背後から胸のふくらみをふたつとも強く押し包まれた場合なんて、ビデオでは再現出来ませんものね。

　けれども現実には、男がのぼせ上がってむしゃぶりついてくるのでしょうから、両手がどんな風に当たってくるのか予測もつかないし、模範演技のように自分の手首を握ってゆるく抱きしめるなんて、あり得ないのです。

　おそらくは力まかせに持ち上げて拉致するか押し倒し、あるいは立ったままでイタズラするかのどちらかだと思われるので、もっと力強く腕を回さなければいけない場面ですが、それでは逃げることが出来ないという事情があるのでしょう。だからこれらの講座を参考にしようとする女性は、そこらの限界を悟った上で見た方がよいと思います。

若い泉ちゃんとの実践編では、暴漢さんが嬉しそうでしたが、そのよろこび具合が先生の前で出てしまうのがいかにも具合が悪そうで、動作がかなりぎこちなくなっていたのもご愛敬でした。

え、ワザの完成度ですか。あんな風に簡単に腕を抜かれてしまうようなヤワな男は、最初から女性を襲わないのではないでしょうかね。

次の胸ぐらをつかまれたときの作戦名は「こっち見んといてー」

胸ぐらをつかまれたら、まずあごに手を当て、力が足りなそうだったらさらにもう一方を添えて両手にし、相手の怖い顔を見ないようにそっぽを向きながら斜め前に進むと、暴漢が後ろに倒れるという強烈なワザです。

どこが強烈かというと、そんな程度の動きで86キロの巨漢がものの見事に後ろにひっくり返る部分です。普通に歩くスピードであごを押されたら、同じように後ろ歩きすれば、何時間でも堂々巡りが続くのじゃないだろうか、との疑問を抱いて繰り返して見たのは、どこかに秘術めいた動きが巧妙に仕組まれているのではないかと思ったからです。

ところがそんな高等テクニックも隠されてはいなくて、なんだかがっかりしてしまいましたよ。

ＡＬＳＯＫでは他にも事例が示されていますが、面白いのは「ＡＬＳＯＫ護身術大会」のビデオです。武器としては刀や短刀を持ち、ヘッドギアに胴、金的ガードにすね当てという装備をした人が、斬られようが突かれようが構わずに突進してどつくのですから、その迫力はかなりのものですが、それなら刀や短刀は最初からいらないでしょう。

民間の警備会社が主催している従業員だけの大会ですから、私が物言いをつける道理はないのですが……。

いずれにしても、これでＡＬＳＯＫ編は終わりにしますが、まったくの初心者が曲がりなりにも参考に出来るのはこのあたりまでで、今後はもうちょっとパワーアップしたものを取り上げてみましょう。

女性向け護身術講座となれば、合気道を参照しないわけにはいかないでしょう。合気道の紹介ビデオはいっぱいありますが、女性が参考にするには、「合気道部の護身術講座」がよさそうです。

女性向け護身術講座では、男性的魅力をただよわせる女性講師が出てくることも多いのですが、ここに登場するのは小柄なごく普通の女の子で、しかもどことなく上品で才媛ぽいのです。

それもそのはず、ここは東京大学運動会合気道部の公式チャンネルであって、さっそく中身を見ていきましょう。

胸ぐらをつかまれた場合、相手の上腕部に肘を当て、次に相手のあごに肘を入れて倒します。

別法として、相手の肩を両手でつかみ、相手がひるんだ隙に喉仏あたりに親指を入れて突き放します。

腕をつかまれたら、相手の指の間を通すようにして、相手の肘に自分の肘をくっつけるようにして手を引き抜きます。

両手で持たれたときは相手の腕の間を通すようにして、自分の手を自分で持って引き抜きます。

後ろから抱きつかれたときは、一旦しゃがんで相手の足の後ろに自分の足を入れ、足を引っかけて倒します。

後ろから右手をつかまれると同時に首を絞められたときには、少ししゃがんで持たれた方の腕を前に回し、相手の肘を極めて倒します、とまあ、単純にワザを復唱したみたいな感じで来ましたが、他の講座よりも丁寧でとてもわかりやすいのが好感を持てます。

しかも抜くところや肘関節を逆に極めるところなど、さすがに合気道と思わせる部分が随所に出てきますが、さて初心者の女性が同じように動けるかどうかとなると、どうでしょうか。

もちろん数年をかけて練習すれば、原理も理解できてスムーズにワザがかけられるようにもなるのでしょうが、この本が書かれている一番の眼目は、稽古のための時間が取れない忙しい現代女性でも、悪漢の理不尽なアタックから身を守り、尊厳を守ることが出来るか、にあるのですから、長時間の修行が必要な武道系は無理かも知れません。

ただしもう一本の講座も参考にはなるので、覗いてみることにします。

後ろから腕をつかまれたら、振り返りざまに大きく？　を描くようにして下に崩します。

肘を取って、相手の動きを封じたら終わりです。

肩をつかまれたら、腕を大きく回して相手の腕をとり、肘を極めます。

胸をつかまれたら相手に当て身を入れ、手をしっかりとって、手首と肘を極めて動きを封じます。

相手がパンチしてきたら、ふところにもぐり込んで膝と腰をとり、投げます。

これらのワザが華麗に披露されるのを、実況中継気味に紹介しましたが、この中でも一番すごい技術を少しだけ解説してみます。

胸をつかまれた場合の対処で、ものすごい高度なテクニックを易々とこなしているこの才媛は、ただ者じゃないと見ました。

前から来た相手に左手で胸ぐらをつかまれたら、右手を添えて左手で目打ち、すかさず相手脇の下をくぐって同じ方を向いたときには自分の右手が相手左肘の下に来るようにしておいて、左手を添えて極めるのです。

文章にしてしまえばこれしきのことですが、実際にワザとして完成度を高めるのは非常にむずかしく、このワザが決まったときだけカメラ目線でのどや顔をしているのも納得です。

ちなみにこの極めには、相手の指が前を向くのと、自分の肩方向を指すのと2種類ありますが、いずれにしても相手の肘から手首にかけてを真っ直ぐに立てさせ、手首関節を緩まないように極めるあたりがとてもむずかしい技術なのです。そして他のいくらか逃げる余地がある極め技とは違って、肘を下から支えるようにした手で手首を極められるので、とても痛いし逃げることも不可能な高等技術なのです。

ともあれ、これで東大の講座は離れますが、合気道ワザはか弱い女性が男性を投げたりするのにはうってつけで、他にもたくさんの動画がアップされています。それらのほとんどが同じようなもので、いちいち注文はつけませんが、ひとつだけ看過できないワザがあるので干渉してみます。

後ろから抱きつかれた女性が、体を前に沈ませて両手を床につくと、背中に密着していた男がさらに前方に投げ出されてでんぐり返しとなるのですが、あれは絶対にそうはならないと断言できますね。

前にも少し触れましたが、普通の人は倒れるという動作に対して怖れがあるために、本能的に防衛動作をとるはずなのです。だからこの場合は、体が沈むと同時に、余計に腕に力を込めて背中に密着するのが当たり前で、女性はうつ伏せになった上から男性にのしかかられるという、実に切迫した状況に陥ることでしょう。

単純に前に突っ伏しただけでは男が離れないなら、どうすればのよいでしょうか。おそらく合気道の技術にもあるでしょうが、相手の右腕を両手で抱え込み、左足を斜め後ろにずらすと同時に体をひねりながら沈ませるのが正解だと思います。

路上で、あるいは閉鎖された部屋での一対一の攻防に完全なる正解はないのですが、攻撃ワザを未遂に終わらせ、自分の尊厳を守るための最善の方法であればこれでしょう。

仰向けに倒れた相手から離れて逃げるだけでなく、目つぶしを食らわせておけばすぐには追いかけられないし、金的に痛烈な一撃を見舞っておけば、こいつも深く反省することでしょう。

もっとコテンパにする方法もありますが、ここはとりあえず身体にも財物にも被害がなければよしとしましょうか。

さて、これで合気道を使った女性向け護身術講座は終わりますが、どうしても避けては通れない一点だけかかずらわってみます。

合気道の技は、力の強い相手に思い切り強く握られてもかけることが出来るかという命題で、答えは残念ながらノーなのです。万全の構えから手首を握られると、あの華麗なワザは展開できないのですが、それはなぜかと問われると、「合気は争わないから、動けないように強くは握らないのだ」という答えが返ってきます。

それはそれで大変結構なことであって、初心者が強く握られたらワザどころではないでしょうから、流れるような技術を体得するまでは加減したつかみ方でよいのですが、高段者までが強く握っちゃダメだよでいいのでしょうか。

高段者なら、どんなつかまれ方をしても対応できるだけの技術力を身につけていなければいけないでしょう。それとも高段者は普段から気を発しているから、手首をつかまれるような無様な状況にはならないというのでしょうか。

合気道の黎明期には、固い稽古、気の流れ、さわらせる前に倒す、という三段階があったそうですが、今ではいきなり気の流れから入るのが主流で、だからこそ「合気は争わない」などの言い訳が出てくるのでしょう。

打ち込みにしてもつかみにしても、誰がこんな風に襲ってくるのだ、というところが見える合気道、それが合気道の稽古の中でおこなわれている分には誰にも文句のつけようがないのですが、だから護身術にも使えるとなるとちょっと違うかなと思います。

だって悪い奴は必死だから、つかむにしても殴るにしても手加減無用、思いもかけない攻撃を仕掛けてくるので、普段から相手を思いやってヤワなアタックをしていたら通用しないでしょう。

繰り返しになりますが、合気道の枠内で技術を磨いた人は、それなりのワザの完成度を見せるのでしょうが、いざ何でもありの乱戦となって、蹴ってくるか頭突きで来るのかも分からない相手にも華麗に対応できますか、ということです。

私は決して合気道をけなしているわけではなく、どんな武道でも同じでしょうが、その体系がもともと持っている限界を悟れば、あまり尊大な物言いはいかがかと思うばかりです。

というわけで今まではかなり初歩的なワザの紹介が多かったのですが、ここから先は専門的というか、超人的というか、武道を長年にわたって修行してきた人にしか出来ない技術なども含まれますから、初心者はあくまでも参考程度にしておいた方が無難だと思います。

柄にもなくネットサーフィンをして各種動画を見比べたのですが、お勧めできるようなものはありませんでした。と言うよりも、参考にするとかえって危ない技術が多いので、やはり初心者は初心者向けの動画で勉強いたしましょう。

第二章

本に書かれたことも鵜呑みにしない方がいいかも

―何冊かの本を読みくらべました―

女性向け護身術の解説本もいくつか出版されているみたいで、私が住まいするT市の図書館で借りられる書籍に限って分析してみます。いわばお仲間の仕事にケチをつける形になるわけですから、多少の忖度は働くかも知れませんが、そこはご容赦を。

本に限らず、女性のための護身術を展開していくのに、二通りの考え方があるみたいですね。ひとつは男性と同じような強さを求めるもの、もうひとつは女性の方が襲ってくる暴漢よりは弱いという前提で、弱いながらに通用するワザを追求しようとするものです。

どちらがよいとかの問題ではなく、筆者の体力や心の持ちようで方向が決まるのでしょうから、読者としてはその内容が自分に合ったものかどうかを見極める眼力も問われます。

いかにもか弱い大和撫子風な女性が、武道を長年修行してきた達人のワザをまねても出来ないのは、表にあらわれる動きだけではなく、身中から発する気の働きとか筋肉の善用、あるいは脳の錯覚とか反射神経の応用など、その武道に特有の技術の真髄があるからです。

だから普通の女性は、まずは自分がとても弱くて、屈強な暴漢とはまともに勝負が出来ないことを認識して、それでも出来ることをするしかないのです。

なんだか心細くなってくるような話ですが、それが現実なのだから仕方ありません。

それではさっそく、弱いなりに使える護身術のヒントがあるか、何冊かの本を読みくらべてみましょう。

最初に取り上げるのは**『とっさのときにすぐ護れる　女性のための護身術』**という本で、著者の伊藤祐靖氏は自衛官として特別警備隊の創設に関わるなどの経歴を経て、軍事コンサルタントの肩書きを持つ人です。

最初の「被害に遭わないために」の章では、立ち方と歩き方に重点が置かれていますが、それは悪い奴に襲われないための第一歩だからです。

私自身は海外旅行が好きで、トラブルも数多く体験する中で学んだのは、邦人が詐欺に遭うケースでの4条件があるということでした。

まずコンタクトがあり、次に親切行動があり、それに対してお礼をしたいと思う報返性（オブリゲート）が生まれ、その気持ちを逆手にとられて相手のテリトリーに引きずり込まれるというものですが、やはり誰かに襲われる以前にも3つの基本ステップがあるとのことです。

1　サーチング…ターゲットを物色する。

2　ターゲッティング…ターゲットの情報を分析する。
3　アタック…襲撃する。
悪漢に獲物として狙われるのは「群れの中で一番弱い者」だから、姿勢や目つきといった、その人の態度や立ち居振る舞いを正せば、最初からターゲットにされない、ということです。美脚&美尻も歩き方から、というコラムもありますから、興味のある人はどうぞ。
そして「知っておきたいとっさのときの動き」に入るのですが、この章では一転して実技指導に入ります。

最初は右手を右手でつかまれた場合で、力の方向が書き加えられた連続写真はとても分かりやすいものです。
1　つかまれた手を開き、中指が上を向くように腕を立てる。相手から「離れたい」という心理が働くものだが、ここで腕を引いてはだめ。
2　加害者の手首に狙いを定めて手を当てる。手刀（小指側が刃）を相手の手首に押しつける感覚で。

3　手刀で相手の手首を押し切るつもりで、手を伸ばしながら相手側へ押し下げる。この際、
　手のひらを上に向けてしまうと、ほどけない。

NGとして、手をつかまれると、咄嗟にこぶしを握って腕を引き、加害者から離れようとするもの。しかし、こうすると、相手はそれまで以上の力で手をつかみ、自分が握ったこぶしが相手にとってはいい引っかかりとなり、手を振りほどけない。ともあります。

さらに上級者向けに、相手にダメージを与えたいなら、との技術も紹介されていて、

1　つかまれた手を手前に引く力を使いながら、右足を軸に身体を時計回りに回転させ、ぐっ
　と相手に近づく。
2　ひじが当たる距離まで接近したら、つかまれた手と反対の腕を曲げ、外回りに回転させ
　て、ひじで相手の顔面を打つ。

最初の見開きページをほとんどそのまま転載したものですが、この解説に写真が10枚もついているのですから、とても親切で分かりやすい指導だと思いました。

確かに分かりやすくて親切な指導ですが、やはり気になるのは、ここで登場する加害者の棒立ちポーズです。

襲われている女性の強いとも早いとも見えない防御反撃の最中、加害者はのほほんと突っ立っているだけで、なんの反応も起こさないのです。あいている左手をだらりと下げ、両足を肩幅に開いて金的がら空きの姿勢で女性を襲うなんてあり得ないでしょう。

しかも相手の手首を下に押し下げているつかみ方なのに、簡単に手首を返されて抜かれるなんて、ダメでしょう。こんなつかみ方をする奴の次の動作は、腕をねじ上げてのハンマー投げか、あるいはもう一方の手で肘や腕を突き上げての逆捕りが考えられるわけで、せっかくの懇切丁寧で噛んで含めるがごとき解説ではありますが、このワザは使えないと見ました。

その後も、太ももに手をおいてきた、肩に手を回してきた、押し倒された、後ろから首を絞められた、後ろから首に腕を回された、等のアクシデントから逃れる技術が紹介されていますが、本当に応用できるのか首を傾げたくなるものが多いみたいです。

アタックの仕方も統一が取れていないのは、総花的に護身術を紹介したいがためでしょうが、前にも書いたように、どうせ本を出すなら、ひとつの攻撃に対して、もっとじっくりと応用変化ワザを掘り下げた方がよろしいのではないでしょうか。

何気なく持っている身近な道具、スマホやボールペン、雑誌、傘などを活用しての反撃は有用で、それぞれでどんな状況で使えるか研究するのは有意義だと思いますが、そんな物を一切持っていない手ぶらだったら、最終兵器として靴を脱いで使うのだそうで、これはまったく新しい視点だと感心しました。

感心できないのは、加害者が右手に持ったナイフを喉のあたりに突き出しているのに、「こわくない、こわくない」とつぶやきつつ間合いを詰めていった女性が、右手甲をナイフの横腹に当てる場面です。

1　加害者の左に回りながら右手を刃物に当てる。大切なのは、この右手でナイフを払おうとしないこと。相手も抵抗して力を加え、刃の向きを変えようとするからだ。
2　左手で相手の親指の根元をつかみ、手首を固定する。
3　相手の親指の付け根に向かって、右手でナイフを思い切り押す。この際、刃に対してできるだけ垂直に力を加えること。
4　相手は親指の痛みでナイフを持っていられない。加害者のナイフを落とす、あるいは奪うことが可能に。

本当にこんなことで、屈強な悪漢が持っているナイフを奪えるのか疑問ですが、次のページでこれが可能であると立証されています。

ナイフの刃を攻撃者の親指の付け根、手首の方向に思い切り押せば、人間の手の構造上、指が痛くてそれ以上ナイフを持ち続けることはできません。このまま親指の骨を折ってしまうことも簡単です。これがナイフを奪う基本です。

これを説明すると、「刃を握るんですか？」と聞かれますが、ナイフの刃の部分に垂直の力をかけても、手は切れません。

当たり前の話ですが、刃物をただ皮膚に当てただけでは、皮膚が切れることはありません。刃物を引く、あるいは押す、つまり皮膚の上で刃がスライドしてはじめて「切る」ことが可能となるのです。

しかも皮膚は伸びますので、刃を引いたとしても、皮膚が刃に追従している間は、実は切れないのです。皮膚が伸びきってしまった瞬間、切れはじめます。

つまり、たとえ刃を身体に当てられてしまったとしても、それだけで傷を負うことはありませんし、反撃のチャンスは充分に残っています。

これはいったい、誰に対して書かれた文章なのでしょうか。とても女性のための護身術の範囲に入るものとは思えませんし、男性にしてもこんな方法は危なくてできっこないのです。もみ合いの中で、刃物が角度を変えない保証はないし、前後にまったくずれ動かないなんてあり得ない状況でしょう。自衛隊で特殊な訓練を受けた人ならいざ知らず、女性にもこんな危険な技術を教えようとする著者の気が知れません。

もう少し内容を誉めて終わりたかったのですが、刃物編で一発アウトです。

刃物に対しての無茶な対応が出てきたついでに、もう少し掘り下げてみるのも意味のないことではないでしょう。次に参考にするのは『**元特殊部隊隊員が教える危機管理と護身術入門　君にもできる刃物犯罪対処マニュアル**』という本で、著者の強そうな肩書きからハードな内容を想像して読んでみたら、女性にもためになる文章が随所に見られました。

第一章が、犯罪リスクの整理と犯罪にあわないための準備。第二章は、犯罪に巻き込まれたときの対処法。そして第三章の効果的な防犯訓練、で締めくくられていますが、どちらかといえば、刃物を突きつけられる前に、そんな事態にならないための方法に重点が置かれています。

これは特に小さな子ども連れの母親などには大切なことで、危ない状況にならない方がよいに決まっています。そのために大事なことは、違和感に敏感になることだと説かれていますが、ここに書き出して間違ったとらえ方をされても困るので、本気で勉強したい人はぜひ本書を読んでください。2022年7月初版ですから、わりと新しい本で、図書館に注文すれば購入してくれると思います。懐具合に余裕のある人は、本屋さんで取り寄せればよいでしょう。

凶器としての刃物の特徴として、音がなく周囲に気づかれにくい、殺傷能力が高い、入手しやすい、持ち運びやすい、壊れにくい等があるそうです。だからこそ、そんな物騒な凶器を突きつけられないためにすることがあるのですが、それでも危ない状況に追い込まれた場合はどうすればよいのでしょうか。

本書に述べられている行動の優先順位が参考になりそうなので、断りもなく転載してみました。

1　サウンドオフ　犯罪が発生したことを声を出して周囲に知らせる。銃と違い、凶器が刃物だと音がせず気付きにくいため、大きな声を出すことが大切だ。声を出すことで、犯罪者が犯行を続けるのを躊躇したり、その場から逃走することも考えられる。

2　逃げる　どんな場合でも脅威から距離をとるというのが防犯の基本。サウンドオフと同時にその場から逃げることで、脅威から離れなくてはならない。犯罪の様子など状況を確認する必要はなく、とにかく逃げることに専念する。

3　通報する　脅威から距離をとることができたら、携帯電話などを使って犯罪が起きていることを警察に通報する。通報中は無防備な状態となるので、襲われる心配のない安全な状態であることが大前提となる。

4　隠れる　逃げ場がない場所で犯罪に遭遇してしまった場合、ケガをしている場合、子どもを連れている場合などで動けないときには、犯罪者に見つからないように隠れる。犯罪者が入れないようにバリケードを築いて籠城し、時間を稼ぐという方法もある。

5　防御　犯罪者と距離が近くなり対峙してしまった場合は、直接的な脅威から自分の身を守ることを考える。基本は犯罪者との間にバックパックなど何かしらのものを挟んで対応すること。身の回りにあるものをうまく利用する必要がある。

6　戦う　逃げ場がない、あるいは守りたい人がいるといった場合は、戦うしかない。この場合も自分の身の回りにあるものを武器として使用する。日頃から何が武器として使えるかイメージしておくことが大切だ。

上の箇条書きの中で、サウンドオフというのは聞き慣れない言葉でして、もう少し詳しく掘り下げることが必要だと思われます。そのポイントは、できる限りの大声で叫んで、その脅威の場所と種類が多くの人に伝わるようにすることです。サウンドオフの目的を箇条書きにしたものを転載します。

1　危険を周知する　周囲の人々に危険があることを知らせることで、被害を最小限に抑える。人が多い街中では、すぐそばで犯罪が起きていても周囲の人が気がついていないケースもある。誰が犯人でどういう脅威があるのかを大声で知らせなくてはならない。

2　時間を稼ぐ　大声を出したことにより相手が攻撃を躊躇すれば、自分や周囲の人が逃げる時間や次の行動プランを考える時間、助けが来るまでの時間を稼ぐことができる。相手がひるむような大声を発することが大切だ。

3　緊張をほぐす　自分が刃物を持った人間に襲われそうになったら、恐怖で身がすくんでしまうものだ。しかし、大声を出すことで緊張が少しでもほぐれ、身体が動くようになることがある。行動の第一歩として大声を出すというのは効果的な方法である。

4　相手への威嚇　大声を出して指を指す行為は、犯罪者に対しての威嚇ともなり得る。この威嚇によって犯罪者が萎縮し、攻撃をやめて逃げることを考えるかも知れない。威嚇のためには、鋭く強い声を発することが重要となる。

5　複数人で対応する　声を出して周囲の人たちに脅威を知ってもらうことで、犯罪者に対し複数の人間で対応することができるようになる。複数であれば犯人を制圧できるわけではないが、一人で対応するよりははるかに有利になる。

以上が刃物を持った相手と対峙したときの対応策と、特に重要だと思われるサウンドオフについてですが、この大声を出すということについては私も以前から着目していました。

後でも触れますが、その時の叫び声は「やめろー！」がいいと思います。それも甲高い声でなく、どちらかといえばダミ声の方がよいのは、女性の「きゃー」という悲鳴は、ふざけていると判断される場合が少なくないからです。

さてこの後が、いよいよ護身の技術となっていきますが、最終的に守るべく部位として、首、内臓、上腕部内側、手首内側、大腿部内側の5カ所があげられています。つまりこの部位以外への傷は致命傷にはなりにくいとのことですが、気休めになったでしょうか。

刃物を持った相手と戦う場合、脅威と自分との間に盾となるものを入れる、ということが強調されています。椅子や机、ホウキからゴミ箱、カラーコーン、立て看板、ビールケースや自転車など、その時に周辺にあるものを手当たり次第に防御用に使うことで、そのためには普段から、この瞬間のアクシデントにはあれとあれが使えるな、などと心の準備が欠かせないでしょう。

もっと身近な品としては、バッグやスマホ、傘、ボールペンなどもあって、要は素手で刃物に刃向かおうとしないことが大切だと強調されています。

本書では実際に、それらの道具を使ってナイフを落とす技術なども写真で解説してありますが、普段からビールケースを使いこなす練習などはできるはずもなく、初心者であればなにかを盾にして刃先を逃れ、その間は大声を出し続けて救援を待つのが最上策でしょう。

それでもナイフの刃をつかんで親指を攻める作戦よりはよっぽど安全で、しかも実用性は高いと思いますので、参考にして下さい。

『強い女は美しい　今日から使える護身術』という夕イトルに惹かれて、二人の女性著者の書いた本を読みました。強いおんな＝美しいという単純な方程式はどうかと思いますが、いくつかの護身の技術が紹介されています。

片手をつかまれたら、つかまれた手の出来るだけ手首に近いところを、反対の手でつかんで肩のラインまで上げ、「ハッ、ヤッ」などの声を出しながら、つかんだ手の方向に一気にウエストをひねり、振りほどいた勢いで素早く逃げる、とイラスト付きで解説しています。

両手をつかまれたら、足の甲で睾丸を狙って（ペニスではなく奥の方）ヘソまで蹴り上げるつもりで、足首のスナップをきかせて素早く蹴ります。相手が自分の両手をしっかりつかんでバランスが取れているので、転ぶことがなく、蹴った足をとられる心配もありません。相手は力を入れて足を踏ん張っていますから、股が開いていて、股蹴りがしやすい状態になっています。

番外編として、突然抱きつかれたら、足を踏む、頭突きをする、しゃがみ込みすり抜ける、相手を体で押す、携帯電話など持っている物で顔を攻撃する、耳元で大声を出す（誰にでも出来る最大の武器！）などの方法があげられて、他にはどんなことができるか考えてみましょう、と締められています。

護身術には効果的なやり方やコツはあっても、スポーツなどと違ってルールや決まりはありません。「できる時にできることをする」これだけです。肝心なのは**あきらめない**ことです。あなたが自分を守るためにとった行動に、間違いはありません。

全部で87ページの薄い本にしても、この三つだけじゃあまりにも護身術についての記述が少なすぎるでしょう、と思ったら、どうやら本当の狙いは別なところにあるみたいです。

最後のプログラム紹介で、女性と子どもを対象に「インパクト」という米国のプログラムを中心に、護身法を教えていますとあります。講習会の内容として、ベーシッククラスは模擬ファイトによる護身術講習、基本技から寝技までの3日間を、女性インストラクターと全身防護の男性講師が指導と書かれています。

ホームページを開いてみると、悪漢役の男性講師とファイトしながら、立ち技から寝技まで、加害者をノックアウトする総合的な技術を学びます、とあり、自分で自分を守ることが可能だと体で知ることは、自信を与えるだけでなく、理不尽な暴力や侵害を許さないという意思を支え、自身を大切にする感覚（自尊感情）を直接的に培います、と結構づくめのようですが、３日間20時間の費用が5万円と聞いてびっくりしました。

経済用語からでた費用対効果を持ち出すまでもなく、この時間内にあらゆるアタックの防御反撃ワザを覚えるだけじゃなく、ノックアウトまでしちゃう実力を身につけるのは至難の業ではないでしょうか。

もちろんもっと安い（前から襲われたら、後ろから襲われたら、床に倒されたら）の３つの状況での、加害者をノックアウトする基本的な技術を学ぶ講習会もありますが、こちらにしたところで３・５時間で１２０００円とは、東京にはよっぽど裕福な女性が多いのでしょうか。

『実践護身術入門　こんなピンチにこんな技』という本もあります。女性向けとは入っていないけど、表紙に女性がワザをかけている写真がありますから、ここで取り上げるのもあながち場違いではないでしょう。

著者は塩田泰久氏で、この名前からピンとくるように、合気道養神館開祖、塩田剛三氏のご子息であらせられます。

けれども内容的には女性の被害に沿ったものが多く、充分に参考になると言いたいところですが、合気道をやったことのない人には無理でしょうというような技術のオンパレードです。

前にも書きましたが、合気道の素晴らしさを喧伝するのに反対はしませんが、それがそのまま誰でもできる護身術として通用するかといえば、首を傾げたくなるのです。

シチュエーションとして、後ろからお尻や胸を触られる、前から下半身を触られたり体を押しつける、後ろから口をふさがれたりバッグをひったくられる、いきなりキスをされそうになる、などの女性特有のピンチ対応がちりばめられているので、一見すると役に立ちそうなのですが、やはり合気道技が基本なので、合気道の基本もできない人にはむずかしいのです。

私が言いたいのは、襲われる女性に対して、襲いかかってくる奴は数倍も力が強く、しかも目的を果たすためにしゃにむにしがみつくので、それほど華麗に投げ飛ばせないでしょうということです。

個人的に恨みはないけれど、合気道がそのままでは悪い奴に通用しないかも知れないと証明するために、ここで少しだけ返し技を披露してみましょう。

この本に基本動作として写真入りで載っているのは、四方投げ、一ケ条抑え、二ケ条抑え、三ケ条抑え、肘締め、小手返しなどの技で、それぞれを取り上げてみます。条件としては、相手は自分よりも大きくて力が強く、悪あがきして動き回るとだけにしておきます。

四方投げはひねった相手の右手に自分の右手を手掌を合わせるように握り、相手の肘を内腕にのせてテコの原理を活用して投げるのですが、投げ飛ばそうとする女性が相手のふところ、つまりすぐ前にいるのです。だから男は左手を出して女性の肩とか髪とかが容易につかめる状態で、どこか服の一部でも握って体を密着すれば四方投げ破りとなります。

そんなに大げさに動かなくても、ひねられている手首を自分の肩側に曲げる、または手首を返すだけで女性のかけ手が外れるだろうというのは、指の引っかかりがいかにも浅く、握っている場所も中途半端だからです。

一ヶ条抑えは、肘を上げて曲げればかからず、たとえ腹ばいにされて腕の付け根と手首を制圧されても、男が勢いをつけて体を仰向けに回転すれば持ちこたえられません。

二ヶ条抑えは、相手の肘と手首がS字形になるので決まれば厳しいワザですが、やはり手首の抑えが甘いので、肘を内側に回転されると崩れるばかりでなく、反対に一転してピンチになるでしょう。

三ヶ条抑えは、がっちりかかると脱出困難に見えて、そうでもありません。女性向け護身術講座で頻繁に出てくる両手で手をつかまれたケースを応用して、自分のフリーな方の手で指先を握り、そちらを引き上げ、つかまれている方の肘を押し下げれば、力の弱い女性では持ちこたえられないでしょう。それ以前のバリエーションとして、相手の脇の下をくぐる動作も大いに活用されますが、首を絞められそうで怖いですね。

肘締めは、指先をすぼめて肘を内旋させればすっぽり抜けるでしょうし、最終的にしっかりと決まった形でも、かかとを取られたら弱いかも知れません。

最後に小手返しですが、これも手首を取られた段階で自分の腹にに肘打ちするようにすれば、腕が伸びずに投げられません。腕が伸びてしまっても女性が男の正面近くにいるので、抱きついたり足を前に出したりすれば小手返し破りとなります。

何度も言いますが、私は合気道に恨みがあって、こんな厳しいことを言っているのではありません。ただどんな風に襲ってくるかもわからない暴漢に対して、何パターンかの技術の応用だけで対応するのはむずかしいでしょ、といってるだけなのです。

女性向け護身術の本として最後に取り上げるのは**『マッハ流痴漢ゲキタイ法』**で、著者は一時プロレスラーとして活躍したマッハ文朱さんです。私は女子プロレスはあまり観ませんでしたが、聞くところによれば男女ともプロレスラーの訓練の仕方は並大抵のものではなく、体も鍛えられているのでしょう。だから特別の稽古もしていない普通の女性が使えるワザなど載っているのかと半信半疑でしたが、かなり使える護身の技術がちりばめられているので、いいとこ取りで転載します。

イザというときの護身術という章には、力のない女のコはどうすれば逃げられるのか。痴漢を想定した37のパターンがあげられています。見出しだけでも理解できるワザも多いので、いくつか抽出してみましょう。

腕を引っ張られたら、その方向に腕を押し出す。ヒジ鉄は女の最高の武器である。思いっきりかみつく。全体重をかければ、つかまれた腕は振りほどける。ヒップの破壊力を利用する。首に回された腕は体重をかけてはずす。電車内の痴漢には指一本をつかんでそらす。髪を引っ張られたら前に突進する。ガラあきの下半身なら急所を蹴る。遠心力利用の胴払いなら必ず逃げられる。馬乗りになられてもあきらめない。二重に足を組めばなかなか外されない。手くびをとられたら相手の指先方向にはずす。ヒジを中心に円を描くようにして両手をはずす。男の指先を両手で巻き込む。逆手関節がとれたらどんな相手もこわくない。

どうですか、この見出しだけでも、悪い奴がどんな風にアタックしてきているのか目に浮かぶようじゃないですか。だからあえて解説はしませんが、他の本にはほとんど出てこない、首を抱え込まれたケースが載っているので、その部分だけ詳細に書き出してみます。

首を抱え込まれて体側で極められると、普通だったら身動きも取れない状態になってしまうのでしょうが、我らのマッハさんは3つの助かり方を伝授してくれます。

その1　片足を相手の足の間にいれ、その足をテコのように使って体を起こします。両手はシッカリ相手の腕をつかんでおきます。こうすれば相手の体は伸びてしまい、脇の下がスキだらけ。そこをヒジ鉄、あるいはなぐる。クラッチバッグを手に持っていたら、それでなぐればダメージがもっと強いでしょう。

その2　相手のウエストに手を回して、後ろに回り込みます。首を絞めようと中腰になって、オシリを後ろに突き出すようにしているところを、尾てい骨ヒザ蹴り。まさか後ろから攻撃されるとは思ってもいない、相手の意識の弱点をつくフェイント作戦。尾てい骨は人間の急所でもあるのよ。

その3　相手の肩越しに手を回して、もう一方の手とシッカリ組みます。すかさず体重をかけて、相手の肩にぶら下がるのです。アナタの?キロの体重がかかるのですから、ウワーッと倒れること間違いなしの必殺技。

リング上ならばこんなとき、バックドロップがありますし、その他の反撃ワザもあって、この種の攻撃に慣れているからこその助かり方であって、普通の人ならパニックになってしまうのではないでしょうか。マッハ流もいいですが、いきなりのヘッドロックでは、あたふたしてしまうのが本当のところだと思います。

そこで私が思いつく、いくつかの方法も示してみましょう。

その1　金的を打つ。首を抱え込まれたり、腕を取られたりして自分の体勢が相手の腰のあたりまで下げられた場合、がら空きの急所をぶん殴るのが効果的です。前からでも後ろからでも、こぶしでも腕でも構いませんから、とにかく股間に腕を入れて思いっきり突き上げれば、相手は痛みと驚きとで腕の力を弱めるでしょう。そこで頭を抜いて逃げます。本来であれば金的というように、睾丸が急所なのですが、とっさの場合に位置関係を確かめてはいられないから、そのあたりで構わないのです。腕がうまく振り上げられない状況なら、つかんでひねり上げます。5本の指を巾着みたいにすぼめて、タマタマをつぶす感じで握りしめれば、よっぽどそんな趣味の奴でもない限りあわてて腕を放すはずです。

その2　顔かきむしり。相手に近い方の手を上げて、目に指先を突っ込む感じで顔をかきむしります。体格の違いによって、反対側から指先が届かない場合は、手前側から手首を返してのかきむしりに変更します。相手が顔をそむけたら、すかさず喉締め、耳つかみ、あごひねりなどの変化ワザに移行、金的つかみと一緒にやれば効果抜群。

その3　格闘技経験のない人は、片足になるのは怖いのが普通です。だから尾てい骨へのヒザ蹴りもいいけれど、ここは両足で立ったままでもできる、ひかがみ折りがいいのではないでしょうか。頭を抱えられた状態では、相手の足の裏側と、自分の足の前側のどちらかが重なっているでしょうから、そのまま膝を曲げて相手膝裏に乗る感じです。いわゆる膝カックンというイタズラそのままの方法で、両足体重のままで実行できる、わりと簡単で効果的なやり方です。大切なのはカックンだけで終わらせないことで、相手の背中に手を回して自分の体勢を保ったなりに膝を地面に打ち付けるようにします。下手をすれば相手の膝小僧がミシッといってしまうかも知れないという、スリリングな方法なので、最終作戦にした方がいいでしょう。

その4　くすぐり　文字通り、相手の脇の下をくすぐります。腕が上がっていて反対側の脇の下はがら空き状態ですから、もうこちらとしてはくすぐり放題、緩急をつけ、角度を変えてくすぐり続ければ、堪えきれなくなって腕を放すのではないでしょうか。ちょっと甘めな作戦だけれど、くすぐりに弱い男だったら一発でしょう。相手が腕を放したらその腰か肩をつかんでバランスを取り、バックから金的蹴り（ぶん殴り）

をお見舞いするのもお忘れなく。

その5　突き倒し　ごく自然な体勢として、相手太ももに両手がかかるはずですから、片足を抱え気味にして斜め前に押します。この時に大事なのは小指側に相手の体重をかけることで、単純な前方向だとけんけん飛びみたいにあしらわれるだけでなく、そのままひねり落とされる危険性があります。それが小指側に崩されると、足を踏み出す余裕もなく膝から、あるいはお尻から倒れていくのです。相手は途中で頭を締め付けている腕を放すでしょうから、うつ伏せになった相手の足首を抱えて体をひねります。この際に足首を外側に捻転させるのと、足先の甲を伸ばしてかかとを責める二通りのやり方がありますから、どちらでもお好みの方を。

その6　股裂き　相手を小指側に押し倒すと書きましたが、これを成功させる前段階として体重浮かしがあります。つまり相手が片足立ちになっても、膝が曲がって充分に腰を落とした体勢だとバランスが取れてしまうのであって、そんな膠着状況では反対に斜め後ろに下がりましょう。もちろん相手の太ももを抱えたままですから、これは残酷な股裂き刑となって、体勢を崩すこと請け合いです。

その7　ヒジ鉄乱れ打ち　自分の横に立っていた男が、いきなり頭に腕を回して脇に抱え込んできたら、防御本能が働いてその腕に両手がかかるのが普通です。次にしなければならないのは、喉を絞められないように肘の内側にあごをずらしての気道確保、そして痛烈なヒジ鉄のお見舞いです。この際に自分の肘が相手の背中にあるのなら、前肘打ち、相手腹側か体側にあるのなら肘突きとなります。頭部ががっしりとつかまれていますからバランスの心配もなく、両手を組んで腰の回転も利用すれば、威力は倍増するでしょうし、噛みつきも併用すれば痛みも3倍増になるかも知れません。

その8　ズボン脱がし　もがいている内に相手のウエスト部分に手がかかったら、ためらわずに下に引っ張って脱がします。タイトなジーンズなどではむずかしいのですが、ゆるいズボンだったり、出っ腹の途中でズボンが引っかかっていたり、一時流行った腰ばきなどだったら一発でずり落ちます。ついでにおパンツも脱がしてやれば、病的な露出狂でない限り、羞恥心のあまり逃げていくでしょう。それでも追いかけてきたとしても、心配はいりません。だってスカートを捲り上げて逃げる女性と、ズボンを膝のあたりにずらした男のどちらが早いかは一目瞭然だから。

最後は官能小説家風護身術になってしまい、結果的にずいぶんとたくさんの対応策が出てきましたが、これが本来の姿だと思います。どんな原因でそんなにまでひねくれた考えになったのか分からない理不尽な男が、あらゆる方法を使って暴れ回るのですから、そのアタックは一通りでないのです。

また目的によっても、襲い方に違いが出てくるのは当然で、しかも守りの動きに対して瞬時に変化してくるでしょうから、このワザが通用しなかったらこちらで対応し、場合によっては複合的に取り合わせる必要も出てくるのが本当の対応策であって、いくつかのワザを披露して護身術でございい、なんてのは笑止千万なのです。

他にも読んだ本はあるのですが、あまり参考にならないので割愛しました。

〈**参考文献**〉

『とっさのときにすぐ護れる　女性のための護身術』伊藤祐靖／講談社
『元特殊部隊隊員が教える危機管理と護身術入門』二見　龍／誠文堂新光社
『強い女は美しい　今日から使える護身術』森山奈央美／新水社
『実践護身術入門　こんなピンチにこんな技』塩田泰久／竹内書店新社
『マッハ流痴漢ゲキタイ法』マッハ文朱／主婦の友社

第三章

こまったちゃんは困りもの

―セクハラ男から暴漢まで―

護身術といえば、淋しい夜道の一人歩きを背後から襲われるなんてケースを思い浮かべる人が多いでしょうし、実際にそんな状況下でバッグをひったくられる、あるいは腕や手をつかまれた場合の対応策を講じている本や動画が多いのです。けれども統計を見ると、必ずしもそうではなくて、性的被害に限れば見知らぬ相手は少数派なのだそうです。

だから場所としては圧倒的に屋内が多くて、知人や上司相手になんとなく断わり切れない雰囲気になったりもするのでしょう。

そんな切迫した状況で、本気で貞操を守りたい人向きには究極の反撃ワザもありますが、いわゆる思い違いをしている中年オヤジの、セクハラすれすれのタッチなどに手を焼いている女性は少なくないと思われます。

あまり本気で反撃すれば、大人げないと反発されて職場替えなどの憂き目を見るかも知れないし、じっと我慢していれば増長して位置をずらしてきたりもします。同僚ならばビシッとはねつけることもできますが、直属の上司だったり、仕事上のパトロンだったりすれば、ことはそう簡単ではありません。

そこで上手に撃退する方法を使うのですが、あくまでも個人攻撃ではなく、イタズラしてくる手が悪いとの形式を取る必要があります。なぜならば本人にはセクハラしているとの自覚がなく（確信犯もいるかも）、自尊心を傷つけられれば復讐される心配があるからです。

自尊心を傷つけることなく、イタズラをはね返すには、相手の肩から先だけを悪者にしなければならないのです。そんな面倒な、と思う人もいるでしょうが、社会で働く女性は四六時中そんな面倒な騒動に巻き込まれているのです。知らんけど。

痛烈な反撃ワザに移る前に、ひと言断っておくことも必要で、その際のセリフは「課長（社長や頭取など）はいい人なのに、このお手手はいけない子ですねえ」

そうすると立場が上の相手は、いかにも見下したように「そうなんだよ、いつもこの手がおいたをするんだよ」などと責任転嫁丸出しのことを言ってきます。

そうなればもう安心、セクハラ男から切り離されたイタズラ小僧の片腕をどんな風に扱われても、所有権を放棄した上司には文句が言えないのですから。

こらしめる方法はいくつかに分類されますが、相手がタッチしてくる方角や方法は実にさまざまだと思われます。そんな千変万化するアタックに共通するのは、相手の腕が自分の近くにあるという点で、皆さんが混乱しないようにパターン化してみます。

肩に手を回されるなどの、自分の肘より相手の腕が上にある場合、腰に来るなどの同水準の場合、そしてもっと下にタッチされて自分の手の方に近い場合の3パターンです。

まず一番多いのが、**横から背後に回した手で肩を抱かれるケース**でしょう。この場合の効果的な撃退法は、皮膚つねりです。あまり厚着の季節にはむずかしいのですが、ワイシャツ姿などだったら相手が飛び上がって痛がること請け合いの必殺ワザ。

げんこつの指を前にずらしたら、人差し指のサイドに親指の腹を当てる形を作り、第二指と第三指の第2関節に皮膚を挟むのですが、この時に面の皮一枚よりも薄目に挟むことが肝心です。

たったそんなことで飛び上がるほど痛いはずがない、と思った人は、自分の体で実験してご覧なさい。左手を右手力こぶの裏側に持っていって、この通りに皮膚を挟めば分かるでしょう。この時になるべく薄く、たとえていえばフグの薄造りみたいな感覚でつねること。

どうです、ビックリするほど痛いでしょう。この痛点は、どちらかといえば体の内側、つまり動脈の走っている方が鋭敏で、もう人体の不思議としか言いようがありません。実際にどの部位がどんな風に痛いのかは自分の体で確かめてもらうとして、さっそく応用してみます。

セクハラオヤジが右横にいて、左手であなたの肩を抱いてきました。あなたは前述のセリフを述べて、腕をどんなに痛めつけても責任を問わないという言質を取り付けたら、左手を右脇の下から通して、オヤジの二の腕裏側をつねります。たったこれだけの行為ですが、おそらく上司は二度と肩に手を回してこなくなるでしょう。

前から肩に手を置かれても、距離を取ってさわってきても同じことで、要は責める部位が手首に近いか脇に近いかの違いでしかありません。とにかく腕の内側皮膚をできるだけ薄くつねるのがこの反撃のミソで、常日頃から練習しておいて下さい。

やっかいなのは腰に回された手で、指へし折りとか、足を引っかけての浴びせ倒しなどがありますが、そんなに過激な反撃ワザでなくてもギャフンといわせることができます。

まず腰に回された手に自分の手を重ね、それぞれの爪の付け根に同じ指の爪先を突き立てます。爪と皮膚の境界線のあたりに強烈な痛点があって、相手はたまらず手を離すでしょう。この急所はとても狭いので、自分で確かめておくのもよいでしょう。大げさな動きではないけれど、相手を後悔させるには充分な痛撃です。

もっと下の方に手を伸ばしてきたら、親指と人差し指の付け根で柔らかい部分の終わるあたりにある急所に、親指をめり込ませるしかありません。ここの責め方も角度や強さがむずかしいのですが、ポイントに入りさえすれば強力です。同じ方の手でも逆の手でも構いませんから、とにかく手のひら側に回した4本指と親指の先で筋肉をつぶすようにするとよいでしょう。

それが効かない相手ならば、関節が曲がる方向にさらに押し曲げていきます。どの指でもいいので、爪を巻き込むようにして指を責めていくと、エロオヤジは悲鳴を上げるでしょう。親指が一本だけ握れた場合は、外側内側のどちらでもいいからひねり、手首にくっつけるような感じで曲げていきます。

それでも鈍感で、あるいは反撃ワザの切れが悪くて通用しないときは、もう指反らししかありません。どこかの指を握って関節の逆を取るわけで、そのまま投げに移行することもできますが、そこまでしなくても効果は出ると思います。

というわけで、ここまではわりと軽いセクハラ行為の対応策を述べてきましたが、女性ならばもっと深刻な緊急事態に陥ることもあるでしょう。こまったちゃんなんて言ってる場合じゃなしに、無理矢理に体を奪われそうになれば、対策もまた違ったものになってきます。

と偉そうに書いてきましたが、ここでハタと行き詰まってしまいました。私は確かに官能小説も書いてはいますが、今までレイプ目的で女性に襲いかかったことなどないからです。だからアタック側の心理はもちろんのこと、襲われる方の気持ちも理解できないわけで、いったいレイプ被害から逃れる方法なんて記述しても許されるのでしょうか。

そんな風に逡巡したのも数分、多少的外れでも、いくつかの対応策を提示した結果がまったく無意味ということもないだろうと思い返しましたので、限定された状況下での反撃逃走術を披露します。

そんな状態になるまでは、それこそひとりひとりで事情が異なるでしょうから、全部に対応策をつけることは不可能で、だからここでは体を押し倒される寸前、そして仰向けに倒されて上にまたがり乗られてしまった状況の2対応に限って考えてみます。

まずは**痴漢程度のイタズラでは満足できない暴漢が**、レイプに及ぼうとすれば対象の女性を押し倒す必要があります。立ったままでの性行為なども可能らしいのですが、それには無理な体勢を取った上での相互協力が必要不可欠で、ここでは外しても構わないでしょう。戸外にせよ室内にせよ、両足で立って抵抗する女性を仰向けに倒すには、体のどこか一カ所、あるいは二カ所を持って前か後ろに力を加えなければならず、この時にチャンスが生まれます。

両肩を持たれたら、相手が押すか引くかした瞬間に、ぶらぶらに力を抜いた手指の裏を目にぶつけます。押されたら半歩下がって金的蹴り、引かれたら逆足を踏み出す勢いで金的蹴りです。この反撃ワザのどちらが重要かとなれば、裏手の目つぶしで、相手の視界を一瞬でも奪うことができれば、金的への痛撃はおまけみたいなものです。

そもそも金的蹴りはかなりむずかしい高等技術であって、男も反射的に膝を出したり足を閉じたりして反応しますから、なかなかクリーンヒットとはいかないのですが、相手がすでにズボンを脱いでいれば目標が分かりやすいでしょう。

どこかの女性向け護身術講座にもありましたが、この際に足の甲で蹴り上げるのはタマタマちゃんの方ですから間違わないように。接近戦になったら、タマタマちゃんを握ってのひねり潰し作戦に変更します。若干気持ち悪いかも知れませんが、無理矢理に目的を果たされるよりはましでしょう。

敵がひっくり返ったら、追ってこられないような算段をしてから逃げます。もしも両手で目を覆っていたら、その上から足で踏み付けてダメージを増幅させます。顔面ががら空きならば、また同じように目つぶしを食らわせてやれば、逃げる時間が作れるでしょう。

よっぽど腹にすえかねて、もっとこっぴどく痛めつけたくもなるでしょうが、ふたたび捕まったら危ないので、すぐに安全な場所まで逃げて110番通報するようお勧めします。

両手首や両腕を強くつかまれると、振りほどくのは無理です。たとえ片方を抜いても敵はそちらで新たな対応をしてくるからで、ここはつかまれたままでの対応となりますが、両手でどこかをつかまれただけでは切迫した脅威とはなりません。

よっぽど凶悪な奴なら、頭突きとかヒザ蹴りとか仕掛けてくるかも知れませんが、性的暴行が目的であれば余計なことはしないので、やはり押し引きされるまで待っていてもよいのです。暴漢相手にもっとも効果的な目つぶしが使えませんから、足技になりますが、この際に重要なことは足の位置です。

敵の左足が前に出ていたら、こちらは右足を前に出します。そうするとつま先が接近して上半身がひねられる感覚となり、足が開いている側をつかんでいる相手の腕が伸びてバランスも崩れるのです。

できる範囲で顔や腹部を守る体勢をとったら、相手の動きを待つまでもなく、つま先を踏んでつかまれている腕ごと体をぶつけていきます。前に出した足を踏まれているから、敵は踏みとどまることができずに尻もちをついて後ろに倒れますが、この時にも手を離すのとつかんだままの2パターンが考えられます。

つかまれたままで自分も体勢を崩したら、体をひねって顔面か喉、あるいは水月の急所に鋭角にした肘を落とします。この際には遠慮はいりませんから、自分の全体重を肘の一点に集中させれば、当たり所が多少ずれてもかなりのダメージを与えられます。

しつこくつかまれたままで、相手に抱き寄せられる体勢になったら、やはり上体をひねって肘を目に、あるいは喉に当ててつっかい棒にすると同時にグリグリしましょう。

もしも上体ががっちり抱え込まれて動かなくても、心配はいりません。その時は膝を曲げて、下半身のどこでも構わずに落とします。多少動けるならば勢いをつけての膝落とし、当てるのがやっとであればグリグリ攻撃の連続で降参させます。もしも相手の太ももの間に膝があったら、もうお分かりでしょうが、恨みを込めてタマタマをつぶしてあげましょう。

相手がひるんだ隙に顔面かきむしり、視界を奪っておいてのエスケープはいずれの反撃にも共通した行動です。

倒れる途中で手を離したらこちらのペース、間髪を入れずに目つぶし、相手の足の方にいるのなら金的蹴りの連発を極めて逃げます。逃げようとした足首をつかまれたら、しゃがんで振りほどこうとしないで、立ったままでつかんでいる手首をかかとで踏み付けにします。一度で効かなければ二度三度と強く足を落とせば、大概は外れるでしょう。

そんな努力も役に立たず、とうとう服を脱がされて下半身が露出してしまったら、最後の抵抗として、足を組んでさらに足首に足の甲を重ねます。椅子に腰掛けておしゃれに足を組んだような形ですが、これが男の力でもなかなかほどけないほど強いのは、マッハさんの保証付きです。

その間、絶えず大声で助けを求めれば、絶海の孤島でもない限り誰かの耳に入るでしょう。口をふさがれたら、肉を噛み破るつもりでの噛みつき攻撃がありますし、手当たり次第に顔の近くにある場所に歯を立てるのも有効です。

万策尽き果てた末に男性器を突きつけられてしまった最終局面での、さしてむずかしくもない逆転ホームラン級の反撃ワザもありますが、これればかりは迂闊に公開するわけには参りません。このあとで紹介する「女性ごしん法」の指導者クラスになったら伝授しますから、どうしても知りたい人は独習して昇級試験を受けて下さい。

第四章

川合流・女性ごしん法を独習しましょう

女性ごしん法とは、私が命名した護身の技術の集大成です。特に女性向けの防御反撃ワザが多いのと、体だけではなく、心も守ることも大事だということで、護身術ではなく、ごしん法としました。

私自身は海外で何度も危ない目にあって、帰国後になにかよい護身術はないかと探しました。その時にはすでに30歳を過ぎていて、根性とかいわれてもダメだし、腰に負担が来るのはダメだしと、ダメ出しばっかりでしたが、ある日少林寺拳法の指導者に言われた言葉にショックを受けました。

「少林寺拳法は、相手に勝たなくてもよい。負けなければよいのである」

これこそ平和的な私に最適な護身術だと修行を始め、最終的には六段准範士まで取得しました。だから少林寺拳法の技術がストレートにではなく、エッセンスとして色濃く女性ごしん法に反映されているのは間違いありません。その他にも聞きかじったり、見たりしただけの他武道の技も取り入れています。

どの武道にも共通していますが、護身術に応用するには、帯に短したすきに長しといったところで、隔靴掻痒の感があることは確かです。それは独自のルールの中で勝ち負けを争ったり、決められたカリキュラムに則っての技術の習練度を競ったりの枠があるからで、問答無用で何でもありの暴漢対策としては不十分なのです。

もちろん高段者になれば応用もききますし、習得した技術を活用できる場面もあるでしょうが、それでも現実に暴漢と対峙すれば混乱するだろうことは目に見えています。

ましてや現代女性はやることがいっぱいあって（多分）、5年も10年もひとつの武道を修行するのはむずかしいでしょう。それなのに暴漢やこまったちゃんは、時も場所も選ばずにアタックをかけてくるとなれば、そんな理不尽な迫り方に特化した、専門的で系統立った技術の集大成を習うしかありません。

それこそが「川合流・女性ごしん法」の目指すところであって、以下で展開するテキストからの抜粋を独学して、あらゆる状況での防御反撃ワザを習得して下さい。

なお、女性にもできる力のあまりいらない技術がメインであって、男性や子どもは対象に入っていません。男性は力が強くて、ここでは敵役でしかないし、子どもは基本的に時間があるので、ちゃんとした従来型の武道を学ぶ方がよいからです。

ここからは路上格闘篇となりますが、テクニックとしては突いたり蹴ったりの手足の技術、つかまれた手を振りほどく抜きワザ、相手を転ばしたり尻もちをつかせたりする倒しワザ、柔道や合気道のように相手を宙に浮かせてからの投げワザ、そして関節の逆を効かせてロックする固めワザなどが出てきます。

初級項目　手足での反撃技術

暴漢に痛撃を食らわす手や腕での攻撃はいっぱいありますし、足での反撃ワザも数え切れないほどありますが、ここではいくつかピックアップして覚えるだけで十分です。

掌底でのあご突き

掌底とは手のひら側の手首に近いふっくらとした部分を指していて、そこを相手のあごにぶつけるのです。

最初のうちは押し止める程度で構いませんが、段々と力が入って突き放しまでいき、最後には一発で脳しんとうを起こさせるくらい強力なパンチ力となれば理想的です。

コツは相手の後頭部まで突き抜く感じであごにヒットした手を、瞬間的に引き戻すとよいのですが、実は本当の目的は脳しんとうではなくて目くらましなのです。

軽く開いた手の手掌が相手のあごに当たれば、自然と指先が目の周りに当たります。目をつぶすのが目的ではなく、くらませるだけでよいのだから、なんとなくまぶたなどの柔らかい部分にヒットするだけでオーケーです。

人間にとっての目は、いくつかある鍛えられない急所の最たるもので、武道においては禁じ手になっているので、普段からあまり注意をしないのですが、そこがかえって付け目なのです。

いい人の目をいきなり叩いてはいけませんが、暴漢や痴漢が相手ならば遠慮はいりません。指先が目のなかに入ろうが、勢い余って鼻血が出ようが構いませんから、思い切りぶっ飛ばしてあげましょう。

その前段階として、やめ手構えをとることだけはお忘れなく。

表こぶしと裏こぶし

空手ではもっとも強力な突きわざとして正拳突きがありますが、女性では拳ダコができるほど何かを叩いてこぶしを鍛えるのは無理でしょう。中にはそんな男性的魅力にあふれた女性もいるかも知れませんが、普通の社会人女性だったら敬遠しておいた方が無難でしょう。

なぜかといえばこぶしを握って真っ直ぐに突いた場合、拳先から手首、肘から肩まで意識を通わせてショックを体全体で吸収しなければ、手首を痛めたり肩を脱臼したりするからです。だからここでいう表と裏のこぶしとは、指を内側に曲げたときにできる、いわゆるゲンコツの親指側と小指側を指しているのであって、武道でいう裏拳とは違います。

使い方としては、急所が横向きにある場合、体勢を変えることなく振り打ちます。例えばあごの先を横に打つと、タイミングと角度さえ合えば確実の脳しんとうを起こさせることができますし、すれ違いざまの水月にめり込ませても悶絶します。

横腹や肝臓打ち、こめかみ打ちや頭蓋へのハンマー打ちなど、たくさんの応用ワザがあります。

ヒジ鉄

ご存知女性の武器としては、労せずして最大の効果をあげられる部分です。元々が固いので、急所にさえ入れば一撃必殺ともいえますが、すべての打撃ワザに共通するように、角度と虚実が大事な要素であることに違いはありません。

肘での反撃は近接したときしか使えないという弱点がありますが、それをうまく逆手にとって相手の虚をつけば強力な打撃力を発揮します。

例えば胴を抱きすくめられたケースなどでは、暴漢が最初から弱い女性だと侮ってきていますから、防御力ゼロになっている顔面のどこにでもヒジ鉄の嵐を降りそそいでやりましょう。

背後からでも前からでも、あるいは横からでも抱きかかえられたケースでの強い味方です。

膝がしら

女性の膝もまた、反撃に使える固い部分です。

ヒジ鉄での例のように、抱きかかえられたときにも使えますし、自分から距離を詰めて攻撃することもできるコンビニエンスな部分です。

後述しますが、膝での金的蹴りがみごとな角度と深さで極まったときなど、それはもう暴漢が気の毒になってしまうほどですよ。

立ち技寝技での活用はもちろんですが、腕を引きずり込まれて倒される際に、間違った振りをして鋭角にした膝を相手の顔面に落とすなんて用法もあります。

足（脚）

わざわざふたつを併記したのは、膝から下の部分もまた、使い方によっては強力な武器にもなるからで、ハイヒールでも履いていれば、本当の凶器になる可能性だってあるのです。

専門的にあげてみれば、前足底、足刀、かかと、脚刀などですが、各部の使い方にはコツがありますから、練習してください。

その他の部分

貞操（死語か）を奪われそうになるとか、小さな子どもを守らなければいけない場面など、なりふり構っていられませんから、自分の体のあらゆるパーツを総動員して災難から逃れる必要があります。けれども普段から活用していなければ、とっさの時に使えるはずもないのです。

こんなケースではここ、あんなケースではあそこと、実際に相手ともみ合って試しておく必要がありますが、ここではそのすべてに触れていられないので、ぜひ本格的に「女性ごしん法」で学んでください。

というわけで、極めてざっとではありますが、体の部位を使った反撃ワザを書いてきました。本当はもっと詳しく解説したかったのですが、あまりにも懇切丁寧な記述は、かえって読者の興味をそぐだろうとの指摘があって、この程度になりました。というわけで、いよいよ格闘技篇に突入するわけですが、ここでも格闘技術のすべてを披露しているのではなく、代表的な襲われ方に対しての対処法を示しています。

それでも確実性のある効果的な方法の数々であるのは間違いないので、どなたかお相手を探して双方でワザをかけ合って研究してください。

ただし手を掴んだり、ボディを抱きしめたりしている最中にふたりとも変な気になって、そのままベッドインなんて仕儀になっても、官能小説家として責任はとれませんからそのおつもりで。

やめ手構えからのさばきといなし

悪意を持った相手と対峙したときに、ただ突っ立っているだけではダメで、かかってくるなら容赦なく反撃しますわよ、という意思表示をすることが大事で、その気持ちを前面に押し出したのがやめ手構えになります。

一番最初に出てきた、掌底突きを両手で顔の前に持ってくればそれがやめ手構えになりますが、この構えをする第一の目的は、相手のパンチを防ぐことです。

ストレートでもフックでもアッパーでも、とにかく相手が出してきたパンチ攻撃は必ず自分のどちらかの手か腕に当たりますから、忠実なセンサーの役目も果たすのです。だから相手のこぶしを手や腕に当てながら、距離さえとっていれば、パンチを食らわずにすむのです。

足さばきと手さばきをしながら相手を冷静に観察していると、蹴りを出すために体重をどちらかにかけたな、なんてことまで分かるようになります。だから蹴り攻撃にも柔軟に対処できるのですが、一般的にパンチに比べると蹴りは3倍のパワーがあるといわれていますから、両腕を重ね合わせた交叉部で受けなければなりません。

今は初級1の段階ですから、さばきといなしまでしか習えませんが、センサーとして働かせるのは大切なポイントであって、その感覚だけは研ぎ澄ましておくことが大切です。

やめ手構えをするもうひとつの重要な役割は、どんな角度から防犯カメラに撮されても、相手が悪いと一発で分かることで、これは過剰防衛気味になってしまったときの強い味方にもなってくれるのです。

そしてただ防衛体勢をとって構えるだけでなく、相手に対して声を発することで、明確に拒絶の意思を表明することも大切なのです。

この際に出す大声は「やめろー」に決めておくと、暴漢にもこまったちゃんにも立派に通用します。

相手の行為を止めようとして声を出すのには、いくつかの効果がありますが、一番大きいのは襲おうとした獲物から大声を出されて、内心ビクビクものでいた相手がたじろぐことです。また自分のおかれた状況を周囲に知らせることで助けが来るかも知れないし、危険を周知させることもできます。

それにも増して大事なのは、大きな声を出すことによって自分が緊張から解放されることです。思いもしなかったアタックを受けそうになって、おそらく体がこわばって自由に動けなくなっている状況が、声を出すことによって急に楽になるということがあるのです。

大声を出しても近所から苦情が出ない場所で、やめ手構えからの「やめろー」あびせも充分に練習しておきましょう。きっとどこかで、あなたを助ける場面が訪れるに違いありません。

片手首順つかみに尻もち倒し

パンチではなく、手首をつかまれる状況もあります。暴漢が投げ技系の武道経験者だったり、性的暴行が目的だったりすれば、ほぼ間違いなく手をつかんでくると思われます。

これはいわゆる女性向け護身術講座で、ひんぱんに見られるつかまれ方です。ほとんどの講座がこねくり抜きを推奨していますが、まず思い通りにはいかないでしょうというのは前項でも述べました。

そもそも弱い相手と見くびってどうにかしてやろうとつかまえてくる暴漢ですから、相手の側方に移動して肘をぶつける程度の応用ワザで手を離すわけがないのです。

対面したままでこねくったり引いたりすれば抜けると教える先生もいますが、そりゃ無理でしょう。なぜならばつかみの4条件から逃れる原則に則っていないからで、暴漢役のご厚意に甘えるような技術を何時間練習しても時間の無駄というものです。

まず相手に強く握られている方は操作できないと考え、フリーな手で顔面を守ります。暴漢が次に何かを仕掛けてくる前に足を踏み、目つぶしあご突きの手を強く押し込んで尻もち倒しにします。

つかんでいる手が離れたら金的蹴り、手を離さなかったら目つぶしか喉突きに変化、あるいは膝を顔面にお見舞いします。

それでもしつこく手をつかんだままだったら、遠慮はいりませんから指か腕に噛みついてあげましょう。おそらく流血の惨事となるでしょうが、この時に最初にとっていた防衛的やめ手構えが効果を発揮するわけで、かなり手ひどく反撃しても罪にはならないはずです。

☆別法

暴漢の足腰が強くて体勢が崩れないときは、手にひらを自分に向ける手鏡ポーズをとり、つかまれた腕全体をワイパーのように外回転していくといいでしょう。

フリーな手で顔を守りつつ、つかまれた手を回していけば相手の体勢が崩れますから、足踏み目つぶしで反撃、尻もち倒しまでいきます。

抜き技を習う前に、掴み手必須4原則とはを勉強する。

1　手首が真っ直ぐになっている。

手首が生きているともいうが、力がストレートに伝わってくる最大の要素。次のステップに移る前段階として手の甲側に反っている場合もあるが、いずれにしてもこの手首を手のひら側に曲げなければ力は弱まらない。手首を殺す（内側に折り曲げる）には、単に曲げようとする動きだけでは成功しないから、他の要素を崩しながらの複合ワザとなる。場合によっては生かしたままの抜き技もあって、その違いはケースごとに練習する必要がある。

2　指の腹と手のひらが密着している。

3の状況と密接に働き合っていて、指の腹から手のひらまでがぴったりと吸い付いたように圧着していること。これもまた力が強く伝わる重要なポイントで、手のひらだけでも離れると力が弱まるが、やはり単独ではできないから複合ワザになる。例えば手首だけを殺しても、指の力が強くて手のひらが密着したままだと、絶対に抜くことができないから、少なくとも2要素は崩さなければならない。

3　親指と他の四本指が向き合っている。

自分の手首をつかんでみると、親指と反対側の4本指が互いに向き合っていることが分かる。微妙に方向がずれていることもあるが、基本的にはその延長線上に他の指があって、これもまた力を伝えるための必要な条件となっている。相対的に力の弱い女性が抜き技をするためには最初に崩したい要素で、この相互に働いている指の向きを変えることが重要となる。

5本の指でつかまれていると考えると負けそうだが、一本ずつに分解してみると勝てそうな気になるから不思議だ。例えば親指一本と腕全体とでは、明らかに腕の力の方が強いから、そんな風な形に持っていくのがよいのだが、多少のコツがいるので何度でも繰り返して練習すること。

4　手首の幅広な骨の山部に指関節が引っかかっている。

前述の3要素は広く知られていて、武道経験者ならば誰でも知っていなければ恥ずかしいことだが、ここまで突っ込んで解説している教師は皆無のようだ。そして4番目の項目は私自身の体験からの追加条件で、手首をつかんだ場合、必ず扁平な骨の薄い部分に指関節がかかってくるということ。

指先を食い込ませるようにしてつかまれたら、手を開いてこねくったり肘をぶつけたりしても絶対に抜けないことは保証してもよい。それならどうするかといえば、逆に手指をすぼめて力を抜き、表皮をつかませたままで内側の骨だけ回転させること。これが上手にできると、他の3条件を崩さないままでのテコの理を使っての外しも可能となる高等技術。

中級項目　守り手の形

やめ手

　相手に対して手のひらを見せる、ごく普通に人を制止するときのポーズがやめ手となる。相手がけんか腰になったり、近づいてきそうになったらすかさずやめ手構えをとること。パンチを防ぎ、蹴りに対しても防御の形になっているが、一番の目的はこちらが無抵抗、あるいはあらそいになるのを止めようとしているとの意思表示で、過剰防衛となったときの強い味方になってくれるはず。

平手

　いわゆる平手打ちをする形で、やめ手を外に開くと平手となる。これは構えだけでなく、フック気味のパンチをいなしたり、相手の手首に強く撃ち込むことで強力な反撃ともなる。

ビンタ手

往復ビンタの裏手を使う直前の形で、やめ手を内側にワイパーみたいに倒して手のひらを内向きにした状態をいう。ストレートパンチを内側にいなしたり、つかまれた際の次の動きにつなげる場面などで使うことも多いが、最大の効果を発揮するのは裏手目つぶし。

チョップ手

平手やビンタ手は全体に肘から先の力を抜いているが、チョップ手はこの形で5指に力をみなぎらせる。この体勢から相手首筋に手刀を見舞うことが多く、ナイフを持った親指付け根を打って凶器を落とす場合にも使うが、これは超級クラスにならなければ習えない技術。

すぼめ手

5本の指先をくっつけるようにして、全体をすぼめる形。抜き技の前段階として活用する場面はたくさんあり、鳥のくちばしのように使って攻撃することもある。

手鏡

やめ手構えとは反対に、手のひらを自分の顔に向けて鏡を見るような形のこと。片手と両手とあるが、活用の場は限られる。

ごめん手

やめ手を謝るように前に倒して、手指を相手に向けた形。例えばやめ手を正面から握られたような場合、ごめん手をするだけでも握力を減ずることができる。

おくれ手

ごめん手とは反対に、手のひらを上に向けた状態で、子どもが「なんかおくれ」といった感じの形。

アイーン手（腰、胸、のど）

日本国民なら知らない人はいないギャグの活用で、手のひらを下向きに腕を水平にする形。顔までまねる必要はないが、のどに親指を当てるように使ったり、胸や腰の前で応用するケースも少なくない。

カモン手

手鏡を手前側にクイクイと倒して、相手を小馬鹿にする挑発的な守り手の一種。片方をやめ手のままでカモン手を繰り返す方法と、両手で一緒にコケにする方法がある。

キラキラ星手（内、外）

下向きの手をつかまれたときなど、限定的に使う守り手で、高手や前手のときには応用できない。だらりと下げた手をつかんでくる相手にも無理がかかっているからこそ、幼稚園児にかえって開いた手をひらひらさせるだけで相手の力を無力化することができる。内側に回転する場合と、外側に開く場合の他、連続して反復させる形もある。

脱力ゆる手

すぼめ手と連携させることの多い、肘から先の力を抜いてゆるゆるにした状態をいう。目的は相手の手の位置をそのままに、骨の山部だけを指関節から外すことだから、少しばかり練習が必要となる。一番大切なのは、相手の指と手のひらが当たっている皮膚をずらさないことで、骨だけ70から80度くらい回転するとよい。内と外の二種あるが、掴まれ方によってどちらかを選び、一方を抵抗された場合に逆に切り替えるなど臨機応変で対応する。次の小指巻き込みと同様に、手首つかみに限定したワザ。

小指巻き込み

これは単独でおこなうことはなくて、いずれかの守り手と併用して効果を発揮する。おくれ手やカモン手、星手などと一緒に活用することが多く、今ひとつ相手の指がひっかかっている場合などに使うと抜けることもある。

合掌

神仏を礼拝するときの手のひら同士を合わせた形で、力の強い相手の引っ張りに対抗するときなどに使う。指先が空を向いた天の形、相手を狙う地の形、そしてカメハメ波みたいな横乱れ形がある。

片手拝み

合掌の一方を外した形で、人差し指が両目の間に立つ。親指が離れていると押されたときに危ないので、五指共にくっつけておくこと。

頭抱え手

これは反撃につなげるよりも、純粋に守りの形となる。雷鳴を怖がるときに反射的に頭を抱えるみたいに、両手で頭をカバーするが、両肘は前に出して側頭部から顔面をも守らなければならない。といっても視界を妨げるほど前に持ってきてはならず、眼前だけは空けておいて正しい状況判断に役立てること。この防御形を保ったまま上体を左右に振ることによって、素人パンチのほとんどは防ぐことができるが、コークスクリュー気味に繰り出される早いストレートや下から来るアッパーカットは食らうかも知れないから、いつまでもやっていないこと。

中級項目　抜きの形

クロール

手首よりも、二の腕あたりをつかまれたときに応用することが多い。肩が耳につくくらい腕を上げ、手指を真っ直ぐ前に突きだした後で、腕全体を後ろに持っていく。一番肝心なのは、最初の手のひらを外に向けて肘を上げた格好で、この形がきれいに決まれば抜きは90パーセントできたも同然。

平泳ぎ

守り手と併用して使う場面が多い抜き技で、手のひらを外向きに前に出した手を、引き戻し気味に外に出していく。自分の体から離す必要はなく、小さな平泳ぎでよいが、最初の肘は横に高く上げること。

背泳ぎ

クロールとは反対に、前にある手を頭の上を越して背後に持っていくが、やや内回し的に応用する場合が多い。片腕ずつ動かすが、ごく特殊なケースでは、バタフライとは逆に両腕を連動させることもある。

抜き手

一般的な泳ぎ方ではないが、前の手は平泳ぎの前半、後ろの手は犬かきのように動かして、水中で合掌を繰り返す泳法の応用。両手づかみで前後に押し引きされたような特殊なケースで、迷わずに使うと相手のバランスを崩すことができる。

犬かき

下向きの手首をとられたようなときに活用することが多い抜き技で、指をすぼめ気味にして手首を曲げ、肘から下を後ろに投げるようにする。ごめん手や星手との併用が普通で、動作は小さいけれど確実に抜くことができる。

バタフライ

両腕を一度後ろに持っていき、肩を支点に大きく回転して前に落とす。指先は相手のおへそを狙うことが多いが、そのまま顔面かきむしりにも変化できる。

飛び込み

勢いをつけずに、いきなり両腕を真っ直ぐ前に突き出すのが飛び込み抜きの形。背後から両腕ごと抱きすくめられたときなど、飛び込みの姿勢をとると同時に足踏み尻鉄砲で相手を突き放す。

ワイパー（内、外）

初級から何度も出てきているワイパー動作だが、体の内側に手を入れてくる内ワイパーと、手指が円弧を描いて外側に回転していく外ワイパーがある。内ワイパーの最終形は、顔面を守るように肘が立ち、指先が床を指すぐらいが望ましいが、外ワイパーは逆に肘を自分の横腹につけ、体全体を開いて相手を崩していく。運用面では片手、両手同方向、両手逆方向のほかにも、各種抜き手との合わせ技も多い。

前手外手首順つかみ・ピンタ手守りから平泳ぎ抜き

つかまれた手を内側から回して、手鏡に近いピンタ手まで持っていき、手のひらを外側に向けつつ平泳ぎをする。ポイントは肘を立てることで、手首を殺し手のひらを離して指の方向を変えるをいっぺんにやっているから、つかむ力は極端に弱まっている。相手指先をからませたままで手指を相手の顔面に向け、止まらずに肘を浮かせて平泳ぎ抜きまでいく。

上級項目　固め技

Iロック

真っ直ぐな腕の手のひらが外を向いている場合、手を平らにしたままで全体を肩の方に倒し込んで手首を責める。

Vロック

力こぶを出すように肘が曲がり、内腕が自分の肩を向いている状態で、こぶしも肩を向いて極められている形。

外Vロック

肘と内腕の関係性はVロックと同じだが、手首が返されてこぶしが前方に向けられている状態。

Uロック

四本指を一緒くたに逆折りして、相手の肩から指先までがU字形に反り返って極まった状態。

Sロック

直角に曲がった肘が上を向き、外向きになった手のひらが体の正中線に対して切れ込んでいく状況。

横Sロック

腕が床に対して平行になるSロックの崩れた形で、肘の曲がり具合や方向もさまざまではあるが、手のひらが体の芯に向かって折り込まれるのは共通で、外手首関節に強烈な痛みがある。

Lロック

腕が真っ直ぐに伸びて、手首だけが内側に折れ曲がっている状況で、手首関節を極めるというよりは、腕の内部を走る腱を指と一緒に引き延ばしていく感じ。

Tロック

Lロックとは逆に、手のひらを外側に開かせて、内腕の筋を伸ばす感じで極める。

Nロック

肩から横に張り出した上腕と、直角に立ち上がった前腕との全体を、手のひらが上向いた手の甲で支える形で、相手の体重が手首だけにかかるからとても痛い。

上級項目　はさみ手

二指はさみ

初級から出てきているはさみ手で、崩したゲンコツの第2関節部を使って皮膚や耳などを挟みつける。人差し指のサイドを親指の腹で押すようにすると、より強力になる。

四指はさみ

親指を使わずに立てたまま、残りの四本指と手のひらで挟み込むように圧着する。手のひら小指側や親指側を引っかけるように包み挟むことが多い。

五指はさみ

むしろ五指つかみと表現した方がよいのだが、手のひらを密着させて手首を生かすところが普通のつかみ手とは違うところで、相手の手首や手の甲などを挟みつかむことが多い。

上級項目　投げ技

前落とし投げ

腕をロックして手首を極めたとき、両足のつま先よりも前に頭が傾いているならば、重心のかかっている方の足に向けて頭を落とし込んでいくときれいに前転する。

横崩し投げ

頭が両足の対角線の外側にあったら、無理に前に投げずに、小指の外側に頭をストンと落とすと崩れる。この際に体側に大きく傾かせておいて、急速に肩が一周するように引っ張りながら巻き込むと、風車みたいに横回転する。

後ろ崩し投げ

尻もち倒しを含む、相手を背中側へ崩しておいて投げる技術の総称で、かかと体重にさせる部分にコツがある。

前手外手首順つかみ押しつけ

このつかまれ方で引っ張られたら、単純にかがみ手で守れば相手の握力が勝手に弱まるのだが、逆に体から離れる方向に押し込まれると簡単には抜けないから、固めからの投げ技対応となる。

相手が押し込む力に逆らわずに肘を後ろに引いていくと、こちらの手のひらが外を向くような形になるから、その勢いを生かしてひねりを続けて、最後には手の甲側が地面に向くまで引っくり返していく。

反対の手はつかんできている指と同じ指を上から重ねて、手を離されないようにする。Uの字を限りなく円に近づけるつもりで指先を丸め込んでいくと、体勢を崩すことができるから、手のひらを空に向けたままで相手前方に平行移動させるとうつ伏せにさせられる。

肘を地面に押しつければ片手での制圧が可能となり、通報することもできる。

U字固めとは逆に、手のひらが上向きになるように強く内旋させられた場合は、T字固めでの対応となる。

単純に引き寄せるのではなく、強い力で内側にひねり上げられたときは、つかみ手4原則の全部が揃っているので強力だ。この形から手を抜くのはむずかしいから、やはり攻められる方向にどこまでも負けていく作戦をとるしかない。

反対の手をクロスするように相手の四本指に重ねたら、手先をあごに引き寄せつつ肘を前にすべり出させていく。自分の胸前で両手のラインが直線になったら、相手の反応を見ながら手のひらを下向きにさせていくと体勢が伸び上がるから好みの方法で仕留めること。

前手内手首逆つかみに尻もち倒し

これまた護身術教室によく出てくるアタックで、ほとんどの場合がこねくり抜きを推奨していますが、まったく相手の思惑を無視した愚策であると断言しておきましょう。

お相手が木偶の坊みたいにボーと突っ立ってるなら通用するでしょうが、目的を果たそうと次の動きに出るでしょうし、たとえ後れをとったとしても即座に対応策を繰り出してくるに決まっているからです。だって暴漢は、なにかの目的があって襲ってきているのですから。

自分の手のひらを下に向けて指先を握り、肘を相手の腕にぶつけるように回していくと抜けます、なんて解説が多いのですが、そうは問屋が卸しません。強い力で握られた手首は、押し引きも回転も不可能なのが相場です。

では、どうしたらよいのでしょうか。答えは無理に引き抜こうとせずに、そのまま倒すです。前足を踏み、つかまれた方の肘が自分のおなかにくっつく程度に逆足を踏み込んだら、顔面を守っていた逆手を前に突き出すと同時につかまれた方も突き放します。

逆手の突きはどこかに当たらなくても構いませんから、体全身をぶつけるようにして両手を押し出すのです。これでたいがいは尻もちをついて倒れますから、その時になってから手を引き抜きます。相手の神経はよそに行ってますから、こねくらなくても抜くことができます。

もう少しかっこよく極めたいのなら、低いやめ手構えから小さな内ワイパー、肩を入れての足踏みカメハメ波倒しもあります。内ワイパーの指先が下を向いた時点で相手の体勢が崩れていますから、つかまれた方の手を両手で早く押し込んでいくと、相手は自分の腹を肘打ちするような体勢で倒れます。

内手首逆つかみ・小指巻き込み犬かき抜き

初級でも触れたように、変化ワザまでいかれると大変なので、つかまれたらすぐに手首を曲げながら小指巻き込み、その勢いのまま肘を張っての犬かき抜きに移行する。なるべく自分の体に近いところで操作すると、相手を崩しながらの抜き技となるので有効。

前手内手首逆つかみ投げ

腕を内旋気味に引っ張り込まれるのは、体勢が崩れたうえに顔も相手胸前に持っていかれるので避けたいが、あまりにも勢いが強ければ逆らえないので、やはりその動きの助けを借りることになる。

つかんでいる相手手首を握り返し、もう一方の手も添えて両手で持ち上げたら、つんのめっていく方向に足を送っていくこと。

相手の引っ張る力も利用しつつ腕を上げさせたら、脇の下をくぐり抜けて振り返り、両手で挟んだ手首をひねって後ずさりする。

プロレス技でいうところのハンマー投げの形だが、一気にぶん投げるほどのパワーがない女性だったら、どこまでも下がっていけばよい。

相手の体が伸びるのと比例して、腕のひねりもきつくなっていくから、どこかでつんのめるか前転で倒れるかするだろう。

うつ伏せに倒れたらひねったままの手の甲を地面に押しつけ、上向いた手のひら小指側を踏み付けると制圧できる。たったこれだけで？　と不思議に思う人もいるだろうが、実際にやってみると極まるから練習で確認すること。

反対に強い力で腕を外旋させられたら、同じように手首を握り返してもう一方も添えて腕を高く突き上げておいて、相手の肘の下を通って体を反転させること。

相手と同じ方向を向くと、V字になった相手の肘がこちらの肩のあたりにあるからかつぎ、膝を突いて手首を急激に下に引き落とすと、暴漢は悲鳴を上げて吹っ飛ぶ。

肩関節を外す程度で許してあげるなら、手首を引き落としつつ自分の肘をかち上げると、

投げ飛ばす以上の悲鳴が聞ける

前手両手掴みに尻もち倒し

この体勢で暴漢が次にしてくるのは、いやらしい奴ならキス、暴力的な奴なら頭突きか腹蹴りですから、つかまれた両手を上下にして防御の体勢をとります。

強く引き込まれたら、寄って足踏み両手突きで尻もち倒しにします。この時に手は相手の当たらなくてもよく、前足を踏んだと同時に勢いよく突き出せば、相手はたまらずにあおのけに倒れます。

倒れながらも手を離さずに引きずり込まれたら、金的蹴りやヒザ蹴り、喉締めや顔かきむしりなどで抵抗します。

両手をとられただけで前後の動きがないのなら、肘を引きつけ気味に上下を守る体勢のままで金的蹴りです。蹴り足は前でも後ろでもよいのですが、相手の構えから判断して絶好の攻撃ポジションに移動してから蹴り込めば効果は絶大です。

ものすごい力で押し込まれたら、上下した腕をさらに大きく交叉していって、逆足を前足の横まで持ってきます。つまり瞬時に相手と同じ方向を向くのですが、この時に逆足の膝を床につけると面白いことになります。

相手は押し倒す対象を失い、なおかつ突進力をいなされて両手を急激に下げられますから、ものの見事に前方宙返りをするのです。武道経験がまったくなくて、人を投げ飛ばしたことなどない女性でも、この形がはまれば華麗に相手の背中を床に打ち付けられるのです。

この際に大事なのは、スピード感です。一瞬抵抗する振りをして相手の力を受け止めておいて、両手を交叉しつつ足をさばいて膝を突くだけですから、あっけないほどに投げ飛ばすことができるのです。

ただしもたもたしていれば、反対にこちらの体勢が崩されますから、あくまでもスピーディーに、かつ華麗に動きましょう。

前手両手つかみ・時間差ビンタ手平泳ぎ抜き

両手を力いっぱいつかまれた場合などは、まず片方を動かしてそっちに相手の注意が向いた瞬間を逃さず、力の弱まった逆手側を操作していくとよい。反射神経の逆用であって、パパッとやることが肝心。手首や腕だけでなく、あらゆる場面での応用ができる技術だから、両手でがっちりとつかまれたら本当に操作したいのとは逆の手から動きを見せること。

☆合掌抜き手

両手をぴったりと合わせて合掌し、指先を相手胸元に向ける。これだけは条件が崩れていないから、握りしめる力がもろに伝わっているはずで、まず左手をすぼめて下半回転させると右手の握りが甘くなるから、両手を同時に前後に出して抜き手を切る。自分の右手は内旋させながら斜め前に突き出し、左手は犬かきのように急激に落として後ろに流す。左手は確実に離れても、右手が絡まったままだったら、そこから平泳ぎに変化して横にいなすのは、相手の腕が上に来ても下に来ても共通の対処法となる。

☆縦合掌バタフライ

合掌の指が天を向くまで上げられるなら、相手の握力はずいぶんと弱まっているから、バタフライみたいに同時に真下に落として抜く。瞬時に開き落とすと楽に手が離れるが、わざと遅く落とすと相手の上体がつられて前に倒れ込んでくるから、ヒザ蹴りでも金的蹴りでも見舞うことができる。バタフライは苦手だという人は、縦合掌からのクロールでもよい。片手を預けたままなので、体勢を崩すことなく反撃が加えられるけれど、片手がフリーになっているのは相手も同じなので、そちらへの注意も必要となる。どちらかといえばわずかに相手が優勢になるおそれが強いので、やはり両手共にいっぺんで抜いて一目散がよいかも知れない。

前手両手外手首つかみからハンドル投げ

右手は高く、左手は低いカモン手にして防御の体勢をとったら、左手を伸ばして手首を交錯させるような形で相手親指側を四指はさみで引き剥がす。右手を返して相手小指側も四指はさみでとったら、ハンドルを回すように小さく鋭く回転させると、暴漢は自分の肘を中心にして勝手にひっくり返っていく。固めはVロックに似ているが、操作する方が順手であり、痛みが何倍も大きい点が違っている。

前手もろ手掴み尻もち倒し

前に出した手を両手で握られる状況ですが、相手の手がどう前後しているかで対応が違ってきます。というのは、素人は絶対にこんな掴み方をしてはこないからです。

性的イタズラを志向している奴なら、片方で手首を制しておいて、もう片方でどこかをまさぐろうとしているから、両手を使って手首だけをつかむなんてもったいなくてできないのです。

そんなイタズラをする度胸もなく、なんとなく腕をつかんでくるなんて奴は、気弱さが態度に表れておどおどしていますから、ゆとりを持って痛烈に反撃します。

片手を両手で握られた時に余裕が出るのは、相手のパンチを警戒する必要がなくなるからで、反対にこちらの手は使えますから、どんな風にも料理できるのです。上級になれば固め技か投げ技に移行する場面ですが、初級ではそこまで習えませんから、ここはなれている尻もち倒しで対処します。

まずつかまれた手の肘を自分の腹にぶつけると、相手はつま先立ちになって蹴りを封じることができます。力が強ければ逆足を前に出して寄っての守法をとりますが、そんなに体を寄せても平気なのは両手とも使えないからです。

接近しているということは、こちらのパンチが届くということであって、あご突き目つぶしでも水月打ちでも得意な技が繰り出せます。蹴りも同様に、相手が前屈みになっていれば水月の蹴り上げ、真っ直ぐならば金的蹴りで、もちろん連続、もしくは連動攻撃も自由です。

素人よりも怖いのは武道経験者で、何らかのワザに移行するつもりでの掴みだと思った方がよいでしょう。武道経験のある人は精神も練れていて、立派な人格者である、なんてのは昔の話、今は犯罪に活用するために武道を習うなんて不心得者までいますから油断なりません。内手首を逆手で持ち、肘に近い方の外腕に順手が添えられたら肘を逆に決めてのかつぎワザになる可能性が大です。あまりポピュラーな技術ではありませんが、相対しての腕ひしぎがそのまま肩に担がれると、我慢して腕を折られるか、投げ飛ばされるか、ギブアップかの三択しか選べませんから、その前に対処する必要があります。

逆手で内手首をつかまれ、すぐに順手を添えるように外腕に当てられた時点で守法をとるのですが、それは自分の肘を自分のおなかに当てるようにすることです。力では負けてしまう相手に対して、精一杯の抵抗がこれで、少なくとも腕十字逆ひしぎだけは逃れられます。

武道経験のある暴漢がそれでも腕十字にこだわるなら、順手で腕を抱え込みにきますから、無防備に近寄った顔面をかきむしってあげます。

両手を添えたままで固まってしまったらサンドバッグも同然、パンチでも蹴りでもお望み次第ですが、もっと痛めつけたいのなら片方の耳を引っ張っても投げ飛ばしましょう。

ここで使うのが二指はさみで、前にこまったちゃんをこらしめるの所で出ていますが、開いた握りこぶしの人差し指と薬指の間に耳を挟み付けるのです。五指でつかんでもいいのですが、経験が無いとうまく挟めないので、二指はさみがいいでしょう。

暴漢が痛がっても離さずに、耳を斜め下に引っ張り、つかまれた手を斜め上に同時に動かすと、気持ちよく投げ飛ばせます。

一本背投げには脱力

順手で手首を、逆手で内腕をとられたら危険です。というのは一気に腕を担ぎ上げられて、あっという間に一本背負いを食ってしまうからです。

柔道経験者の打ち込みの速さは電光石火、動いたなと思った次の瞬間にはしたたかに背中をぶつけてますから、それなりの対応策をとらなければなりません。

腕ひしぎでは肘をおなかにぶつけての守法がとれますが、一本背投げでは肘が外側に回転するので、担がれるしかないのです。けれどもおとなしく投げられるのも嫌でしょうから、できる限りの抵抗をします。一番に有効なのは、逆手での顔かきむしりで、それと同時に脱力して両膝を曲げれば、うまくいけば膝カックンとなるかも知れません。

柔道の達人ならそんな油断はしないだろうと思うでしょうが、柔道家というものは投げられそうになったら本能的に空いている手で受け身準備をとる習性なので、フリーな手で顔面を責められるなんて予想だにしていないのです。

さらにいえば、担がれて脱力できる人はごく一部の達人だけで、普通の人なら体を固くして抵抗するので投げられてしまうのですが、まったく経験の無い女性ならばクニャクニャしていられるのです。

相手の一本背負いの切れが悪く、中途半端に担がれてこちらの体が斜めになったら、金的打ちでも足首すくいでも対応できます。

もしも運が悪く、本当の達人に襲われてみごとに一本背投げを食らってしまったら、脱力するのと反対に空中で海老反りしてみましょうか。ついでに空いた手で相手の背中を押すと、側転にヘルプがついたような形になってストンと立つことができるのです。得意ワザが決まらずにキョトンとしている相手には、とびきり強力な目つぶしを食らわします。その人が失明しても構わないというのは、そんな柔道ワザに卓越した人に悪いことを繰り返させないための人道的懲らしめだからであって、もしも過剰防衛だと裁判になったら、老骨に鞭打って応援に駆け付けることを約束します。

前手もろ手つかみ・小指巻き込みカモン手犬かき抜き

連続技にくる傾向が強いつかみ方なので、即座に小指を巻き込みつつのカモン手になった途端に犬かきで抜き去る。この時に重要なのは肘の使い方で、下から横に張り出すだけでなく、犬かきのときにはかなり上げ気味にすること。一本背投げの前段階で取られた腕を担がれそうになったら、外側から同じ動作をすればよい。

前手もろ手つかみはSロックで痛めつける

こちらの片手を相手が両手でつかんできた場合、まず握力を減らさなければ対応策に移れないから、肘を脇につけたままで手のひら下向きの指先を横方向になるまで水平移動し、直ちに手のひら返しをして正面で平手構えとなる。

相手は左手の肘が上向きになった窮屈な体勢になっているうえに、手首が死んでいるから、そこに親指の付け根を当て、自分の左手では相手の手の甲を押さえて右肘を真上に上げる。いわゆる腕が真っ直ぐに伸びてのＩロックだが、相手が痛がって肘を曲げてきたような場合は、一歩踏み込んでのＳロックへと変化する。

このケースでは相手の左手が手首近くにかかっているが、肘側をつかんでいても同じ固めで通用する。

指先を外にではなく、内側に誘導されたような場合は裏の固め技で対応する。素直に内ワイパーをして片手拝みに構え、左手は外下から回して相手の右手甲側をおさえてのＳロック固めで極める。

責める手が右と左に変わるだけで、腕の伸びていればＩロック、肘が曲がっていればＳロックで対応すること。

痛烈にプラス反撃をするなら、Ｉロックでの金的蹴り、Ｓロックでは前のめりにさせた顔面への膝蹴りがお勧めだ。

どうしてもぶん投げなければ気がすまないというハッチャキの姉さんなら、上級科目の内手首逆つかみを応用すればよい。要は手首に近い方の手を握り返しての回転投げとなるのだが、相手が両手でこちらをつかんできている分だけ転がりやすいのは確かだ。

高手順つかみに尻もち倒し

パンチではなく、手首をつかまれる状況もあります。暴漢が投げ技系の武道経験者だったり、性的暴行が目的だったりすれば、ほぼ間違いなく手首を握ってくるでしょう。

相手の力が強いのが当たり前だとすると、なかなか振りほどくことはむずかしいので、つかまれたままで倒します。

相手の左足が前だったら、自分の右足で相手の靴を踏み付け、そのまま体をぶつけていくと、尻もちをついて後ろにひっくり返ります。この時に顎突き目つぶしか水月突きのどちらかを空いている手で繰り出すと、より効果的です。

つかんでいる手が離れたら金的蹴り、手を離さなかったら目つぶしか喉突きに変化、あるいは膝を顔面にお見舞いします。

それでもしつこく手をつかんだままだったら、遠慮はいりませんから指か腕に噛みついてあげましょう。おそらく流血の惨事となるでしょうが、この時に最初にとっていた防衛的やめ手構えが効果を発揮するわけで、かなり手ひどく反撃しても罪にはならないはずです。

☆別法

暴漢の足腰が強くて体勢が崩れないときは、つかまれた腕全体をワイパーのように外回転していくといいでしょう。フリーな手で顔を守りつつ、つかまれた手を回していけば相手の体勢が崩れますから、足踏み目つぶしで反撃、尻もち倒しまでいきます。

高手外手首順つかみ・星手内回し平泳ぎ抜き

やめ手構えをするひまもなく、高く上げた手首をつかまれることもあるが、順手で外側からつかまれた場合、まず頭抱え込みの体勢をとってから抜き技に入っていく。つかまれたままの状態が保たれたり、あるいは押され加減のときに使えるワザで、脱力星手を内側に回して手首骨の引っかかりをはずし、その動きの延長で平泳ぎをすると抜ける。重要なのは脱力の程度で、指先まで力をみなぎらせていると相手指関節が骨の山部に食い込んだままなので、いくら手を回そうとしても絶対に回転させることはできない。だからちょっとだらしなくしぼんだ星程度の、ゆるゆる抜きを心がけること。

同引き寄せ・星手外まわし平泳ぎ抜き

同じつかまれ方をしても、相手の方に引き寄せられたら肘が伸びてしまうので、星手を外側に回して一瞬ごめん手の形になり、すぐさま平泳ぎに移行して抜き去ること。やはり脱力がポイントで、手首つかまれでは共通のテクニックになるから、よく練習しておくとよい。

守法をとるのが遅れて、両手で抱え込まれて引きずり込まれたら、つかまれた方の肘を曲げてどこかをつかみ、相手の背中にこちらから密着して足首をすくい上げる。あるいはバックからの金的打ちに続いて太もも抱えの押し倒しでもよいし、体勢によっては裏こぶしや横こぶしでの肝臓打ちの連発でもよい。相手は両手で腕を抱えただけの状況だから、こちらの急所を狙われる心配はなく、頭突きでも顔かきむしりでも好みの反撃をすることも可能。

高手外手首順つかみにお返し

このレベルまでくると、どんな風につかまれても抜くことができるので、まったく焦ることなく対処すればよい。

一番簡単で効果的なのはU固めで、つかまれている手を腹痛みたいに自分のおなかにくっつけ、左手を重ねて相手の指先が離れないように押さえたら、手のひらを切腹みたいに上に向けてごめんなさい。

そうすると四本指を関節の逆にそっくり返される痛みに、相手も上体をのけ反らせるから足踏み倒しに移行する。普通だったら尻もちをついてショックをやわらげるのだが、上体を海老反りにしたままで後ろに倒れるのだから、暴漢はかなり悲惨な目にあうだろう。

別法としては、Sロックで責めることもできる。とられた肘で大きく逆のの字を描き、肘が上に来た時点で左手を添えて相手の指を制し、右手肘を相手のヘソに、左肘は天上に向けると痛い。

これは完全なS字が完結した例だが、途中で抵抗されたとして、不完全な形でも極めることはできる。要は縦のSか斜めのSかの違いだけで、手首さえ責めていれば痛みから逃れることはできない。

こちらは前屈みに崩れてくるから、顔面への膝蹴りが有効打となる。

高手構え片手逆つかみ

反対側の手で手首内側をつかまれると、相手の握る力は倍増します。それは順手で捕まえるのとは違って、かなり本気になっている証拠だからで、このまま抱え込まれて脇で肘関節の逆をとられるとギブアップですから、そんな不利な体勢に持ち込まれる前に対応する必要があります。

相手の前足を踏んでつかまれている手を前に伸ばすと同時に、顔を守っていた手を下げて水月に突き込みます。普通であれば前足を下げて簡単にかわされてしまう反撃ですが、相手は踏まれた前足に神経がいっていて、しかも後ろ体重にもなっているので腰がくだけて後ろに倒れるのです。

けれども相手は屈強の男ですから、最初の押しをこらえる奴もいるでしょう。そんなバランスが釣り合った状態では、足を踏み付けたままで反対の膝で金的蹴り、その足でもう一方の足先を踏んで体をぶつけていきます。倒れる相手に一緒に体を持っていかれたら、膝を鋭角にして腹部にめり込ませます。

☆別法

逆の手で腕をつかまれた途端に、相手の力がものすごく強く感じられ、しかも押されている状況では押し返すことが不可能です。前に出ている足を踏んでも、すでに前体重になっている相手にすれば痛くもかゆくもないので逆効果、だからといって後ろに下がればいよいよピンチです。

こんな万全の姿勢でいる男のバランスを崩すのは、ワイパー守法に限ります。前に押す力は強烈でも、手首のひねりに対して弱い理屈は、こちらが腕の全体を回転させられるからで、それを活用しない手はありません。

まず相手の安定した体勢を崩すために、自分の肘が横腹に当てるまで落とし、つかまれている部分を中心点にして内側に手指を落とし込んでいけば、こちらの肘は横に張りだして安定し、反対に相手の肘は腹に当たるような角度で窮屈な体勢になります。

さらに肘を真上に向けるまで回転していくと、相手はたまらずにバランスを崩しますから、改めて前足を踏んで体全体で押し込んでいきます。男が尻餅をついて倒れるときには、必ず腕を離しますから、さっさと逃げましょう。

高手内手首逆つかみ・星手外まわし犬かき抜き

相手が逆の手でこちらの手首を握ってきたときは要注意で、ひねり込まれるといっぺんで肘関節を逆に極められてしまうから、それに先んじて守法をとる必要がある。まず自分の腹を肘打ちするように腕を引き寄せて構え、直ちに脱力星手外まわしに続いての犬かき、あるいは平泳ぎで抜き去ること。この前段階としての頭抱え込み防御は当然で、これはつかんだ側の手での肘打ちを警戒してのもの。反対のフリーな手がフック気味のパンチを出してくる心配もあり、顔面は腕で、横腹は肘でカバーする体勢にもなっている。

同引き込み・太もも抱え込み体あずけ倒し

両手を添えられて外向きに引きずり込まれると、ものすごいピンチに陥ってしまうから、その動きの途中でも対処しなければならない。腕を引き込まれて体を前のめりにさせられた瞬間に肘を立て、自分から相手に寄っていって太ももを抱え込んで体当たりをすること。太ももを抱えるひまがなかったら足踏み、それも間に合わないようなら両足の対角線上に向けて体をぶつけていくだけでもよい。相手の体重を小指側にかけさせ、さらにその外に押すと足を運ぶことができずに横倒しになるのは共通のテクニックだから覚えておくとよい。

高手内手首逆つかみ

現代女性っぽくスマートに制圧したいならば、親指責めがよい。相手のさらに下から左手を回していって、四本指を相手の親指一本にかけて握りつぶすだけの簡単な方法だが、これがめっぽう痛い。

手を離しても親指の関節が悲鳴を上げるほど強く絞り上げ続ければ、こちらの左手一本で相手をコントロールする形になってかっこいい。

自分の右手も仲間に入れてあげたいなら、相手の肘を下から引っかけて高く上げ、逆に親指は低く回転していくと、相手の体も風車のように回っていく。

暴漢が最初から腕を突っ張ってきた場合は、親指も強く食い込んでいるから容易には責められないので別な手を考える。

力が外側に向かっていて、腕が横に開かれるように突っ張ってきたら、素直に手のひらを外に向けて腕を下げ、左手を相手の上から重ねていく。相手の肘は上を向いているから、そのあたりを脇の下に抱え込むようにしながら体をひねり落とす。

この時に手先を上げるようにすると、とても痛いし、下手をすると肘の筋が伸びてしまうこともあるが自業自得だろうさ。

反対に内側に巻き込まれるようにされたら、手先を自分の左腰のあたりまで持っていって左手で相手の手首を制し、左足を右足横に展開させながら急速に真後ろを向くこと。腰骨が相手の肘に外側から当たって逆を責める形になるので、やはり悲鳴を上げるほど痛い。

高手構え両手つかみ

両手で両手首をつかまれるとパニックになりそうですが、相手の次の攻撃も限定されるので、それさえ防げば余裕で対処できます。一番警戒すべきはヒザ蹴りか前蹴りで、それは肘を自分の腹に当てることで防護できます。

次に危ないのは頭突きですが、こちらは十分な防御の体勢ができているので、これも問題外です。となれば暴漢の攻撃オプションはなくなったわけで、遠慮せずに反撃させてもらいましょう。

　ちなみに肘を落とすことによって相手の親指を責めていますから、握る力も弱まっていて、体を振り回される怖れも軽減しています。

　崩れたバランスを立て直そうとすれば相手にスキが生じますから、すかさず金的を逆の足で蹴り上げます。後ろにあった足で蹴るのは、その方が威力が増すからであり、蹴ったときに前足でバランスも取りやすいからです。

　もしも膝を寄せて急所の防御体勢をとられていたら、膝小僧の下、お皿の継ぎ目あたりを狙います。足が曲がっていたら左右どちらかの横方向へ、真っ直ぐに伸びていたら踏み折る感じで足を最後まで押し込みます。

　無責任な情報のひとつに、弁慶の泣き所であるスネを蹴るのが有効な反撃ワザだなんてのもありますが、それは下駄とか安全靴とかの硬い履き物を履いている場合に限られるのであって、スニーカーやパンプスでは充分な痛みを与えられないのです。だから場面によっては、内くるぶしのちょっと上を小突いた方が効果的な場合もあります。

　金的蹴りあるいは膝小僧蹴りのときの体勢は、下になった方の肘は腹に当たり、上の手は相手の顔面に向けられています。これは自然にそうなるのではなく、自分から取る構えであって、防御と攻撃の両方が備わっています。

一方で相手はつかんだ手を引き下げられ、もう片方は引き上げられた実に不安定な形ですから、前足を踏まれて後ろに押されれば、尻もちをついて倒れずにはいられないのです。

☆別法外ワイパー

金的蹴りなどの荒っぽい反撃ではなく、もっとスマートに撃退したい人は、ワイパーの動きを参考にします。

両手を取られたら半歩下がりながら、両手とも外側に回転していって、最終的には自分の肘を寄せて手首を上に向けます。当然ながら手首をつかんだままの相手は、肘を真っ直ぐにした伸び上がった体勢になります。

ここから右手が下に、左手が上に来るように時計回りに動かし、右足を素早く左足外側まで持っていくと、自分の体が回転するのにつられて相手も横回転で倒れます。

この時に後ろから左足外側まで回した右足の膝を突くと、上下の動きも加わって、相手は頭を下にして前方回転していくのです。

☆別法現代式ワイパー

私なぞは古い人間ですから、ワイパーが両側に開き、次には両方一緒に内側にパタンと畳まれるなんて方式も知っていますが、現代女性なら左右が同調するタイプしか知らないのでしょう。

次なるワザはまさに同調ワイパーと同じで、一方を外、一方は内側に回転させるのです。相手は腕がひねれる形の浮き身の体勢、こちらは肩が前に出た半身の沈み込みとなって優勢となります。

このまま足をさばいて体を開いてもよいのですが、両手を離さずに肩でぶつかられるとやっかいなので、やはり足踏み尻もち倒しに移行します。前足を踏むと同時に、両腕を勢いよく前に突き出せば、相手はつかんでいた手を離して後ろに倒れます。

しつこくつかまれたままならば、踏ん張らずに一緒に倒れていって、どちらかの手で顔面かきむしり、どちらかの膝で膝落としを繰り出します。

高手両手つかみに抜き技

まず最初にごめんなさいをするように合掌し、指先を相手に向けて急に突き出すと同時に、片方だけを引きます。泳法でいえば抜き手となるのですが、一瞬のうちにこれだけの動作を素早くおこなえば、ほとんどの暴漢は手を離します。

手が離れないのはワザに切れがないからで、間髪を入れずに犬かきや平泳ぎを連発すればよいでしょう。

高手両手つかみに反撃

合掌かまえから、押されたら半歩下がっての金的蹴り、引かれたら浮いた方での膝蹴りで片がつくが、痛めつけてあげたいならＳロックが使える。

右下左上の変則ずらしやめ手構えをとり、左手を相手左手の上から被せたら、右手の指先と肘の方向を１８０度上下に逆転する。もちろん左肘も下を向くから、その流れのままに後ろに引き上げ、右肩を入れて右肘を落とし込んでいくとＳ字固めが完成する。

ここからは両肘の上げ下げ具合で、痛みの度合いが変わってくるから、相手の苦悶の表情を眺めながら調節すればよい。

高手構えもろ手掴み

自分の片腕を相手が両手で握ってきた場合、握力は倍以上に感じられますが、ピンチ度は小さいのです。それは相手の攻撃方法が極めて限定されるからで、まったく焦る必要はありません。

相手がしっかり腕を握っているのなら、こちらとしては片足でもバランスが取りやすいうえに、一本余計にフリーな攻撃用の腕があるということでもあって、さっそく華麗に反撃を開始します。

掴まれた腕を預けたまま、相手の服のどこかを掴み、両手を引き込み気味にしながらヒザ蹴りを出します。バランスが取れた状態でのヒザ蹴りは、小気味よいほどに男の腹にめり込むでしょう。

相手が2メートル級の大男なら目標は金的になりますが、いずれにしても膝頭が暴漢のどこかにめり込む感覚は、やみつきになりそうな快感には違いありません。

もちろんここまでで何度も出てきた尻もち倒しも可能で、目つぶし狙いあご突きか、喉輪併用の足踏み押し倒しとなります。

尻もちで倒れていくのに、それでも両手を離さないのなら、そのまま一緒に倒れ込んでいき、両手を使って相手の顔面でショックを吸収します。どちらかの手しか当たらないとしても、後ろに倒れる相手の頭がのけ反る形になりますから非常に危険な反撃ワザには違いなく、よい子は絶対に真似をしないように。

もろ手内引き込みには金的でお返し

片腕を掴まれて相手側に引き込まれたとき、正面から男の腰を抱くような形になったら、すかさず足の間に腕を差し込んで股間を打ちます。腕のどこでも金的近辺に当たれば相手は棒立ちになりますから、同じ手を膝の裏側に引っかけて思い切り引っ張ります。

膝がカックンとなったら、その膝から手を離さずに肩をぶつけて前に押します。膝は前に行き、体は後ろに押された男は、変な格好で床に崩れていくでしょう。

片足だけ正座をするようにあおのけに倒れた男の顔面に頭突き、肘落とし、ヒザ蹴り、顔かきむしりなどはやりたい放題、存分に痛めつけてから逃げます。

相手の横腹に掴まれた側の肩が当たるような体勢になったら、そのまま相手の胴を抱え込んでタックルしていきます。よっぽど強く倒れても、こちらの体は男のボディをクッションにしていますから安全、この時とばかりに下品な言葉を叫びながら突進します。肝心なのは体を押していく方向で、相手両足の対角線上に、小指側に体重がかかるようにする必要があります。単純な前や後ろでは足を運ばれていなされてしまうからで、この小指側に体重をかけさせるというテクニックはこれからも重要なポイントになります。

肘が曲がって相手の背中まで回ってしまった場合は、スネ取り前倒しで対抗します。この時も体全体でぶつかるようにすれば、男はたまらずに吹っ飛んで倒れるでしょう。クッション代わりの男の上に一緒に倒れ込んでいったら、後頭部を押して顔面を床に押しつけたまま前に移動、両肩を両膝で押さえつけます。

どちらかの手を背中に回して引き寄せれば、完全に押さえ込み状態になりますから、もう一方の手も同じようにしてネクタイなどで両手首をきつく縛ります。

ネクタイとかロープとかが余分にあれば、片方の足も曲げて足首を縛り、その一方を手首に巻き付ければ逃げることもできません。

腰の上に乗って腕を極めるような指導も散見されますが、お尻を突き上げられたり、腰を勢いよくひねられたりすれば体重の軽い女性はひとたまりもなく転がされるでしょう。

だからうつ伏せの相手を制圧するには、両肩に両足で座って頭の上にヒップを落とし、両腕を逆に固めるのが一番よいのです。ちょっといやらしいスタイルではありますが、この形が決まればかなり体力自慢の男でも動けません。

それでも悪あがきをするなら、指折りや喉締めなどでおとなしくさせておいて、悠然と110番通報するのがよいでしょう。

もろ手外引き込み

もろ手で掴まれた腕を外側に引っ張られ、肘関節が逆向きに相手の胸腹部に当たるような形はとても危険です。もろ手を伸ばして回転すれば、肘が伸びて投げ飛ばされるし、脇の下に抱え込まれたら肩と肘、そして手首までがっちりと極められて身動きすらできなくなってしまいます。

だから対応策は上体が引き込まれそうになるのと同時に始動する必要がありますが、もっとも肝心なのは肘を上げることです。そうすることによって相手側の肘も浮きますから、体勢の崩れを見計らって突進します。

ほとんどの場合、相手の両足が横に揃った真後ろ方向に押すようになるでしょうから、やはりかかと体重になって堪えられないのです。

もっと体勢が引き込まれてしまったときは、相手の前足を抱え込んでの突進しかありません。普段から練習していても、とっさのときには体が硬直して華麗なワザは繰り出せませんから、とにかく相手の体を押し倒すのが最優先です。

よっぽど優位性を保って制圧していられる状況でない限り、すぐにその場を離れて安全な場所から通報するのは基本です。

高手もろ手つかみ抜き

つかまれた方の肘を脇腹につけて守り、フリーな方で顔面を守る振りを見せながらあご打ちをする。つかまれたままで星手内回し犬かき抜き。

高手もろ手つかみに空気投げ？

何度も出てきているが、相手が両手でこちらの片腕をつかんだ場合、自動的に有利な体勢になるのはこちらだから、まったく焦る必要はない。ただし相手は力が強いのが当然だから、油断はしないこと。

なぜこちらが有利かというと、もう一方の腕がフリーな状態でどんな風にでも活用できるからで、もろ手でつかまれたら片方の手を指先に当てて一緒になって押し下げていく。そうすると相手の手のひらが離れ、指も開いて握力が伝わってこなくなるから、それから親指を切り離していくとよい。

左手が手首側にあるのならば小指巻き込みからの犬かき抜き、右手が手首側なら、ごめん手指先外まわしからの小指巻き込み犬かき抜きで離脱できる。

一般的には肘を送り込んで指先を手前に抜くと教えられるが、おそらく相手が順応して離すことはできないと思う。

上級らしく投げ飛ばしたいなら、手のひらを浮かせておいてから相手親指付け根を左手で四指はさみ、右手では小指側を四指はさみにとらえて、小さく左にハンドル回しをすること。正規のVロック投げだから、足さばきや体捌きを華麗に決めて無様に転がしてあげればよい。

重要なコツは相手の肘が横腹にくっついたままにしておくことで、肘が離れたり腕が伸びたりすると体重バランスや頭の位置によって投げも変化させる必要が生じるから、あくまでもコンパクトに転がそう。

両腕を突っ張って強力に押してきたら、右足を引いて右腕も後ろに高く押され負けておいてそれとなく手首をつかみ、ボーリングのように大きく円を描いて低く前方に放り投げる。本当のボーリングみたいに左足体重になって肩を入れ、つかんでいる手首をシュート回転気味にフィニッシュまで持っていくと、相手は背後に投げ出されているはずだ。

これを完璧に会得すると、相手がつかまえようと動くのに合わせて、あたかも手首がつかまれてしまったかのように投げ飛ばすこともできるが、それは空気投げとも呼ばれる達人技だから、本当にできたらすごい。

対面低手外手首順つかみ・内回し犬かき抜き

両手を下げている場合、正面から手を添えるように外手首を握ってくる奴もいるかも知れない。互いの指先が同じ方を向いているので、大して力強いつかみ方ではないが、むしろいやらしさは倍増している。こんな下劣な男はコテンパにやっつけてもよいが、顔見知りだったらそうもいかないのでやんわりと抜いて逃げよう。こんな中途半端なつかみ方には守法も必要なく、すぼめ手を内回しして犬かきするだけで外れる。

対面下手内手首順つかみ・すぼめ手外まわし抜き

同じ側の手をひねって、こちらの内手首をつかんでくる奴もいるかも知れない。おそらくそっちの手は牽制で、反対の手でイタズラを仕掛けてくるだろうからやめ手構えで対抗する。同時に大声を出せば退散するだろうが、会社内でのこまったちゃん相手だったらそうもいかないから、それなりの対応をすることになる。

上級科目ではこんなシチュエーションで活用することも多いワザのひとつに、二指はさみがある。ゲンコツをゆるめて第2関節を突き出すようにして、人差し指と中指の間に相手の皮膚を挟みつけるのだが、これが場所によっては痛烈な痛みを伴うので有効だ。相手二の腕の力こぶが出るところ以外の薄い皮膚をつまんで、人差し指のサイド部に親指の腹を当てて思い切りつねってあげると、こまったちゃんは悲鳴を上げて逃げていくだろう。もちろん知らない相手だったら、すぼめ手を外まわししてはずし、その手で横っ面を張り倒してやろう。

対面下手両手首つかみ・内すね蹴り

外側からやんわりとこちらの両手を制してくるような奴は、無理やりに唇を狙っているに違いないから、それなりのお礼をしてあげなければならない。守り手もしない犬かきで手は離れるが、もう少し厳しいお礼を返してあげたいなら内すねを蹴ってあげよう。

弁慶の泣き所といわれるすねは硬い履き物でなければ効果が薄いとは述べたが、その内側に当たる三陰交という急所は柔らかな靴でも痛い。つま先でコツン程度の蹴りでも悲鳴を上げるから、骨を狙ってしっかりと蹴り飛ばすこと。こまったちゃんならそれで勘弁してあげるが、見ず知らずのエロ助なら遠慮はいらないから、痛がって体をかがめた顔面に膝蹴りだ。

対面下手外手首逆つかみ・内回し手鏡犬かき抜き

素人ならば絶対にやらない取り方だが、つかまれた手首を背後から大きく振り回されると手首と肘の逆を同時にとられてしまうので危険だ。逆をとるにはこちらの側方に動かなければならないので、そんな素振りを見せたらすぐさま内回し手鏡守法をとり、その勢いを止めずに犬かき抜きまで一気にいくこと。

前にも書いたが、その際に脇があいていると守法もワザも決まらないから、肘を締めて手先だけが回転するように心がけるとよい。

内回しが間に合わずに腕を外側に伸ばされてしまったら、外まわしの手鏡守法に変更して平泳ぎ抜き。ちなみにこの仕掛けワザの最終形は、腕をひねって手首関節を極め、肩を落として上体を前屈みにするものだから反撃はむずかしい。さらにこの腕を前に押し出してくると、案外簡単に肩が脱臼するから、そうなったら自分から前転して逃れるしかない。いずれにしても大ピンチには違いないから、そうなる前に離脱すること。

横並び下手外手首順つかみ・肘あげぬき

同じ方を向いていながら外手首をつかまれたら、肘を横に張りだして相手の腕に当てるだけで抜ける。肘当てとかの強い反撃までいかなくとも、相手の腕と重なったら手首をこねるだけで簡単に外れる。

これは互いの肘が向かい合っている形だが、無理に手をひねって肘が同じ方を向き合うようにつかんでくる奴もいるかも知れない。こんなひねくれたつかみ方をする奴は根性までひねくれているだろうから、少し痛い目にあわせてあげるのが親切というもの。このつかみ方から移行するワザはないから、手は放って置いて、足を思い切り踏みつぶしてあげること。

小指の延長線上に急所があるから、甲が始まるあたりの外側薄い部分をかかとで踏むのだが、ヒールだったらなおさら効果的だ。こんな風に変則的につかんでくる奴をギャフンといわせる固め技もあるのだが、上級までいかなければ習えない。

横並び下手内手首順つかみ・アイーン抜き

親指が重なり合うように内側に手をすべり込ませてのつかみ方だが、気持ち悪いことに違いはない。これもイタズラの域を出ないつかみ方で、何らかの攻撃に移る心配はないが、いつまでもそうさせておく義理はないからさっさと外してしまおう。

強く握られても弱くさわられていても、アイーンポーズでもぎ離すことができる。肘の位置はそのままでおへそのあたりの低いアイーン抜きをしたら、両手を合わせて相手横腹への強烈な肘打ちをお見舞いする。めり込んだ肘の位置を変えずに裏拳を顔面にぶち込むまでがセットになっているから、繰り返して習熟しておくとよい。いつか必ず、練習の成果を試せるときがくる。

前からの腕ごと抱きしめ・頭突きからの応用変化ワザ

いきなりこんな風に抱きすくめられても、まったく焦る必要はない。なぜかといえば相手のすることに制限がかかっていて、無理やりにキスを迫る程度のことだから。

他には持ち上げての拉致も考えられるが、多分正面からは来ないだろうから、やはりキス魔だと断定してもいいだろう。こんな奴に唇を奪われるのはしゃくだから、頭突きをお見舞いするとよい。行為寸前にせよ、舌なめずりをしての準備段階にしても相手の顔が前にあるはずだから、おでこを勢いよく前に振るだけでよい。油断して近づいている相手顔面のどこかにぶつかるから、何度か繰り返してぶち当ててあげよう。おでこ同士とかの固い場所だったら、少しずらして柔らかな部分に変更すること。

背が高い相手だったら伸び上がってのあご打ちになるが、それも届かないくらいののっぽだったら、膝を曲げるだけで金的に入るから直ちに切り替えること。要はどんな状況になっても対応策はいくつもあるということであって、抵抗もむなしくくちびるを奪われて舌を入れられたら噛み切ってあげるのもいいだろう。出血多量でキス魔は死んでしまうかも知れないが、それこそ自業自得というものだ。

後ろから腕ごと抱きしめ・飛び込み尻鉄砲

これも例としてよく出されるアクシデントだが、対策として示される例があまりにもお粗末なものが多くて笑える。両手で下から持ち上げて体を沈ませるとか、片肘を下から持ち上げ横にすり抜けて腕の逆をとるとか、急に前傾して相手を前に投げ飛ばすとか……。

暴漢が首絞めに移るとか、投げられたくなくて背中に密着するとかの変化をまったく考慮していない対応策が多いのが現状だ。こんな風に背後から抱きすくめられたら、すかさず飛び込みスタイルをとり、同時に尻鉄砲をして逃れるのが最善の方法だろう。

飛び込みポーズで首と頭をカバーし、尻鉄砲で相手の体勢を崩せばそこからはどうにでもなる。注意しなければならないのは、抱え上げられての連れ去りだが、持ち上げられてしまったらうしろ頭突きとかかと金的蹴りしかない。健闘を祈る。

前からの胴締め・両耳二指はさみひねり投げ

脇の下から腕を回してきたような場合、相手の腕はふさがっているけれど、こっちの腕はいかようにも使うことができるから有利だ。よほど特殊なケースでない限り、相手の顔がこちらの胸のあたりにあるから簡単に料理できる。

例えばこめかみを押さえての親指目つぶしとか、パンチの連打なんかも可能だが、スマートなのは耳投げだ。崩したゲンコツの第2関節で両耳をはさみ、片方を下げてもう一方をあげるだけで投げることができる。よっぽど腹にすえかねるならば、その前に顔面に頭突きを見舞うこともできるし、膝蹴りや金的蹴りをしてからの耳投げでもよい。耳たぶは意外に切れやすい部分だが、裂傷を負うのもやはり自業自得だろう。

後ろからの胴締め・足踏み背泳ぎ倒し

この捕まり方は、あらゆるタイプの中では最大級の危険といっても言いすぎではないほど危ない。なぜならば相手は顔を背中に密着させてくるから顔面の急所は攻撃できず、しかも腰を引いた十分な体勢なので尻鉄砲をしても無効だから。

このまま抱え上がられると、手足をいくらばたつかせても反撃にはならないから持ち上げられる前が勝負だ。相手の指を一本だけ責めるとか、手の甲をゲンコツで痛めつけるなんて指導者もいるが、攻防の動きの中ではそれもむずかしいだろう。だとすると対応策は、足踏み背泳ぎスタート抜きしかない。

相手つま先をかかとで踏み付け、一度前屈みになってから、高く両手をあげると同時に背泳のスタートのように後ろに倒れ込んでいくこと。この時には思い切りが大事で、記録会に臨むような気持ちで精一杯に胸をのけ反らせて全体重をかけるとよいだろう。相手が倒れながら体をひねるとこちらも地面に激突する怖れがあるから、伸ばした腕を曲げて頭をカバーすることも忘れずに。

横からの胴締め・横肘打ち連発

後ろからの胴締めと比べると、こちらは危険度が少ないばかりか、ちょっと間抜けな感じがする。だらしなくにやけた顔が無防備でさらけ出されているのだから、肘打ちの練習台でしかない。胴締めにきているということは、このスケベ野郎も同じくらいの背丈だから、遠慮せずにメッタ打ちにしてあげよう。

痛がって背中側に顔をそむけたら、その時は三陰交蹴りに変更する。内くるぶしの少し上が急所だから、そこを靴先でコツンとやれば一発だ。それでも腕を解かなかったら、足踏み横浴びせ倒ししかないが、おそらくどちらかの反撃で逃げていくだろう。

背中側でなく胸前に頭が来たら、のど締めが面白い。上下から両手を回して首を絞めるのだが、締めすぎると本当に死んじゃうから、ある程度の所で勘弁してあげる。

首絞め（のど輪）

ひと言で首絞めと表現するが、相手の意図によってそのやり方が幾通りにもなるので、ここでおさらいをしておこう。

大きく分けると、単純に首に腕を回してくる、息の根を止めようとして気道をつぶしてくる、脳への血流を止めるために頸動脈を止めてくる、の三種類に分類されると思う。

目的が違うから絞め方も違ってくるのは当然で、すべてのアタックに対して真剣に対応しなければ命に関わる問題だ。

後ろから腕での首絞め

これにも2種類があって、片腕だけで首に腕を食い込ませているのか、もう一方の腕を立てて後頭部を押さえ、その腕に首を絞めている方の手がかかっているかで圧力がまったく違ってくる。危険度はどちらも変わりないが、相手の本気度には雲泥の差があるので、対応もそれなりにしなければならない。

片腕だと締め付けの力もさほど強くなく、肩のどちらかに相手の手先があるので、まず手首あたりに両手を引っかけてずり下ろしてみる。これで圧力がなくなったら、両手を引っかけたままで手先の方へ体を回転させながらすり抜けていくとよい。

肘を下から突き上げて相手脇の下に抜けろと教える講座もあるが、ヘッドロックに変化される怖れもあるのでオープンスペースに体を持っていった方が無難だ。

こちらの方に相手指先がかかっていたりして、腕がずり下がってこない場合は、足踏み尻鉄砲をして後ろに倒れるか、後ろ頭突きを連発してみるとよい。

相手が本気でこちらを落としに来ているなら、両腕を使って強烈に締め上げてくるから動きも極端に制限されてしまう。手での反撃もできず、かかとでの金的蹴りもできないから、とりあえず気道確保のために両手を相手の腕にかけて少しでも隙間を作ること。あごがずれたら、後頭部を押されている力を利用して顔を腕の間に埋め、手当たり次第に噛みつくこと。どこでも構わないから、皮膚を食いちぎるつもりで噛みついてやれば、たまらずに腕を解くはずだから逃げよう。

のど輪

前から両手で首を絞められる状態で、親指が立っていればのどつぶしで、横に回って食い込んでくれば頸動脈絞めだが、とっさのときには判断がつかないだろう。

いずれにしてもたいそう危険な状況で、秒単位での対応策が必要となる緊急事態だ。唐突に誰かに首を絞められたらパニックになるのが普通だが、そんなことが起こるかも知れないと常日頃から練習していればそれほどあわてなくてもすむ。

なんといっても最初にしなければいけないのは気道確保だから、思い切り下を向いてのどと首をくっつけるようにすること。どんなに強く絞められていても、これで一息つけるから、次には両手をそれぞれ首の外側に持っていって相手の指を引き剥がそう。

ここで肝心なのは、強く当たっている手を引き離すのではなく、どれでも構わないから指一本だけに狙いを定めて曲がらない方に折り曲げることで、もがいている内にはどれかを浮かせることができる。

どこかの指が浮いたら、それを集中攻撃して、関節の逆にへし曲げていくと手の全体が離れていく。

背後からの首締めだったら、あごを落として気道確保をしてからの指折りだが、この時にはうなじの親指を狙った方がよい。なぜなら前の方はどんな風に組み合わさっているか分からないけれど、うなじの親指はどうしたって独立しているわけだから。

指の力は侮れないほど強くても、一本対五本なら女性にも分がある道理で、最終的には一本対十本で対応すれば負けるはずがない。遠慮せずにへし折ってあげよう。

肩つかみ

肩をつかんでくる形態もいくつかあって、一番多いのは前から両肩をつかんでぐらぐらさせるやり方だろう。はげしく頭を揺さぶられると脳しんとうを起こす心配があるから、早めの対処が必要となる。

頭突きと膝蹴りを警戒して上下にずらしたやめ手構えをとり、抜き手を切ったらすぐに両腕を反対に上げ下ろしする。この動きで右肩が抜けるが、左肩の手が残っていたらそちらだけクロール抜きをするとよい。

後ろから両肩をつかまれたら、飛び込みスタイルをとると同時に後ろかかと蹴りを繰り出すと、気持ちよく相手の腹にめり込むから、その反動も利用して前に逃れるとよい。

片手での肩つかみなどは、もう怖くもないから、パンチだけ警戒しつついずれかの泳法で対処すること。

下手外手首順つかみ

同じ方を向いている暴漢が、指先を下向きに外手首を握ってきたら、Sロックの応用変化ワザで対応する。

相手の指先を離さないために、自分の手首ごと包み込むような左手での五指はさみをしておいて、右肘を前に送ったら急激に落とすと同時に左肘を上げること。

相手の肘が曲がったままなら変則のS固めだが、腕が伸びていてもIロック気味になって効き目に違いはない。

座っていて太ももの上の手首を握られたような場合にも応用できるが、足さばきができない分、肩と肘の動きでカバーすること。抑えが甘いと指を伸ばして逃れるから、最初から指先の引っかかりを戻させないようなおさえ方をする必要がある。また腕が回りすぎても痛くないから、手首の向きを垂直に保つとよい。

もしも相手が嫌がって自分から肘を立ててきたら、こちらの肘の後ろ側で戻しての無理無理Sロック、腕を伸ばして抵抗してきたら、脇の下で抱え込むように体重をかけていくと、Iロックに肘折りがミックスされた混合技になる。

図々しく手の甲を握ってくるような破廉恥漢は、指折りでこらしめるしかない。左手を逆手にして相手親指を引き剥がし、同時につかまれた右手を内側にひねって小指を伸ばしていく。相手の手首にこちらの手首が当たっているから、そこをテコのように使って関節の逆をとっていけば、暗い映画館の中に痴漢の悲鳴が響き渡るに違いない。

下手内手首順つかみ

同じように横並びでいて、内側に手をすべり込ませるように内手首をつかまれるケースだが、相手の意図が分からないだけに危険だ。前に回って抱え上げるのか、肘を深く曲げて手首関節を極めてくるのか、あるいは想像もつかないようなアタックを仕掛けてくるのか不明だ。

つかまれた腕をさりげなく胸の前に持ってきて手のひらを上に向け、反対の手を重ねて逃げられないようにしたら、思い切り腰を回転する。相手肘関節が極まっているから、暴漢は悲鳴を上げて前に吹っ飛んでいくことだろう。

下手両手つかみ

指先を下に向けて、正面からこちらの両手を押さえてくる変な奴もいるかも知れないから、対応策だけは考えておこう。

こんな奴に時間と手間をかけるのはもったいないから、逆の手で親指を握ってひねり剥がしてやろう。低い位置で両手を交叉すると、ちょうど逆向きに親指が掴めるから、手首をテコにして曲がるのと反対側に反り返すようにすると手も離れる。

もしも親指を食い込ませて抵抗したら、手首裏側に手を回して小指折りに変更すればよい。親指よりもか弱いからすぐに一本だけ引き剥がすことができるので、最初から小指責めでもいいかも。

腕が交叉できないほど強く押し下げられていたら、無理に動かすことはないから、せっかくの相手の頑張りをせいぜい利用させてもらおう。この時の相手の体勢は、足を横に揃えて前のめりになり、こちらの両手首をつかんだ手に体重をかけているはずだから、垂直方向に押され負けることが理にかなっている。

いつもの尻もち倒しならば、逆足のつま先を踏むのだが、今回は側転気味に前に放り投げるので、相手の右足をこちらの右足で踏み付けると同時に左足を小さく展開する。

左手を落とすと相手がバランスを崩すから、体勢を開いて肩をねじりつつ右手を真上に上げてから自分の頭の上まで持ってこよう。

相手の体重とか身長差とかいっさい考慮することなく、この通りの動きをすれば確実に変態野郎は吹っ飛んでいくが、タイミングをみて足踏みを外さなければならないところがむずかしいかも知れない。

投げが甘くて相手が持ちこたえたら、その時は反対に尻もち倒しにと変化することができる。

前からの抱きつき

両腕ごと前から抱きしめられたら、抱え上げての横倒しか、無理やりのキス強要かのどちらかだろう。両腕の自由を奪われているから動きは制限されるが、肘から先が動かせるならいくらでも対応策はある。

男性経験があって、局部に触れることに対する抵抗感が薄い女性ならば、股間打ちがお勧めだ。

左手を前に回してくると、暴漢の股間に当たるから、手首の反動を使って正面からこぶしをぶっつけてあげよう。よっぽどそんな責め苦が好きな変態じゃない限り、あわてて腰を引くから、そうしたら膝での金的蹴りを見舞ってあげればいい。

それでもまだ腕を離さなければ、足踏み頭突き浴びせ倒ししかないが、片膝を相手の腹部にめり込ませたままでいれば転倒のショックをやわらげることができ、同時に暴漢にも痛撃を食らわせられて一石二鳥だ。

軽装に限られる反撃ワザだが、親指一本突きも有効だ。肘を曲げると相手の横腹だから、親指を立てて勢いをつけて突き刺すこと。うまく肝臓あたりにヒットすれば、ダメージは小さくない。

おなかの脂肪がぶよぶよして指突きが効かないならば、そこら中をやたらにつねり回せばよい。二指はさみじゃなく指つまみでも構わないから、腹部の薄皮を一枚だけつぶすようにしてひねれば、たいがいの男は痛がって身をよじるだろう。

抱きかかえている両腕の力が弱まれば、あとはどうにでも料理できるというのは、もう前に出てきた技術を応用するだけだから。

後ろからの抱きつき

相手が見えないので恐怖心は大きいかも知れないが、抱えてきた腕をほどくだけならむずかしくはない。

基本は指一本責めだが、後ろ頭突きや尻鉄砲、かかと金的蹴りなど応用できる反撃ワザは多い。

ただ、相手を投げるとなると限定されるので、少しばかり詳しく説明してみよう。

当然のことながら、誰かを投げ飛ばすには、その対象が投げ飛ばされるためのいくつかの条件を備えていなければならない。そして武道経験の無い女性がおこなうのであれば、あまりにも専門的技術が必要なワザは無理だから、一般的な体の動きで可能な普遍性のあるものでなければならない。

ここでいう普遍性とは、誰でもが同じようにやれば同じような効果を発揮するという程度の意味であって、解説に入る。

誰かに後ろから腕ごと抱きしめられたら、飛び込みスタイルをとって尻鉄砲までは抜き技と同じだが、投げるための準備として左手で相手の右袖をつかむところが違ってくる。

右肩を入れて右足を半歩前に出したら、左足を大きく斜め後方に引き、袖をつかんだ左手に右手を添えて前に投げ落としながら体自体は斜め後ろに急速に沈ませていくこと。

要は相手を右足体重に前のめりにさせておいて、その下からいなくなるのだが、同時に右袖が前に送られているからこらえることができないで倒れていく理屈だ。

よほど熟達しないときれいな空中前回りまでいかずに、相手の体が斜めにずり落ちていく感じだろうが、それで十分だ。

真下に沈み込むと、男の体重がもろにかかってくるから、必ず左斜め後ろにすかすようにするとうまくいく。この時に相手右袖をいったん前に突きだしておいて、急に下に落とし込んでから引きずり込むと、柔道のようにきれいに投げ飛ばすこともできるかも知れない。

横からの抱きつき

こんな素っ頓狂なアタックを仕掛けてくる奴には、強烈な肘鉄砲を食らわせるとよい。相手との間には隙間ができているから、そちら側の肘をぶち込んでやるのだが、逆の手でも押すようにすれば威力は倍増だ。

しぶとかったら肘打ちの連発もあるし、横こぶしでの急所なぐりもあるが、そんなはしたないやり方がいやなら、三陰交蹴りがいいだろう。

靴か足先かで内くるぶしの少し上を蹴るのだが、ここは向こうずね以上に痛い場所であって、おそらく周囲の誰もが何が起こったのか分からぬうちに暴漢がしゃがみ込んでいるはずだ。

もしも相手がこまったちゃんなら、腕タプ二指はさみしかない。余裕のある方の手で崩したゲンコツを作り、上腕下側のタプタプしたあたりを指関節に挟みつけるだけだが、これがめっぽう痛いから、もう悪さはしてこなくなること請け合いだ。

前からの胴締め

ここまで習練してきたら、こんなつかまえ方をしてくる奴が隙だらけの阿呆に見えるだろうが、お付き合いをしてあげよう。

こちらの胸前に顔があるから、やりたい放題なのだが、相手を一瞬にして後悔させるなら顔面ひねり投げが最適だ。

頭を挟んでひねるだけですっ飛んでいくような軽量級じゃなければ、両耳二指はさみ親指目つぶし膝蹴り顔面ひねり投げしかない。

耳たぶを同時に二指はさみしたら、親指をまぶたの上から当て、指関節で横っ面をグリグリする。親指で強く目をえぐると危険だから、目はふさぐ程度でよく、グリグリはしなくてもよい。

耳と目を攻撃しながら、足をさばいてゲンコツの位置を回転させつつ放り出せば、相手はどこかに吹っ飛んでいく。

これすら面倒だというなら、首締めもある。胸の前に頭があって、その下が首だから、どうか絞めて下さいと頼まれているようなものだ。

手の股が正面に来るように上下に重ね、それぞれの指先を首に食い込ませれば、息は止まるし頸動脈はつぶれるしで、失神は間違いない。指先を食い込ませるのは、指一本つかみ逆曲げへの対応だから、爪が伸びていようがいまいが構わずに締め上げること。

こちらの両手がフリーなのだから、他にもさまざまな反撃ワザがあるが、それは各自の自由研究としておこう。

後ろからの胴締め

いわゆるバックドロップの前段階だが、いくら常識知らずの破廉恥漢でも、路上でいきなりのプロレス技は出してこないだろう。だとすれば連れ去り目的だから、持ち上げられたときの対策が必要となる。

暴漢にしてみればどこかに運ぶのには、縦のままより横抱えの方が都合がよいから、持ち上げたらすぐに抱え直すと考えられる。おなかに腕を回されて二つ折りにされ、後頭部を押さえつけられたらピンチだからそれは防がなければならない。

自分の体が浮いた瞬間、片足でも両足でも後ろに回して、足先を相手にからませると縦位置からは動かされない。足がどこにかかっていても構わないから、次には上半身をひねってその後ろ肘打ちを連発する。

小さな子どもがいやいやをするみたいに、肘を後ろに張って上体をひねっていればどこかにヒットする。

腕組みがゆるめば、指一本つかみもできるし、かかとでの金的蹴りもできるようになるから、後ろ肘打ちはとても重要な初動反撃だ。

地面に下ろしてもらえばこちらのもの、左手で相手の右手中指を逆捕りし、右手では相手の肘を下から持ち上げて脇の下をくぐり、バックをとったら左手を背中に沿って肩甲骨まで引き上げること。もう指関節を責めなくても、肩が極まっているから勝負あったとなる。

後ろ蹴りを警戒して斜め後ろに立ち、肩を押さえつつ腕をずり上げていけば、相手の柔軟度がよく分かる。足払いをしてうつ伏せにすれば、ほとんどコントロールできたも同然だが、より完璧を期すなら、後頭部をまたぐ感じで両膝を相手両肩に押しつけるとよい。

この形から両方の腕を逆に極め、紐で手首を縛り、その紐を首に回して手首に戻り、さらに片方の足首にまでかければ立つこともできない。都合よく紐などないときは、ネクタイを代わりにして数本を使えばどんな風にでも縛り上げることができる。

もしも暴漢が背広着用でネクタイをしているなら、それを外して使うことも可能だが、くれぐれも外さないで手首を縛らないように。警察官が到着する前に、窒息で天国に召されてしまうだろうから。

後書き

本文の中で紹介した、ホームページや本に書かれている「いわゆる女性向けの護身術講座」を、批判しているかのように受けとられる向きもあるでしょうが、私の真意はそこにはありません。それぞれの講座のアタック役が甘すぎないか、棒立ち過ぎないか、襲っている相手の反応に対応変化しなくてもいいのか、と疑問を呈しているだけであって、講座内容を頭から否定批判するものではないことをご理解下さい。

ただし、ひとつふたつの例をあげた講座はいかにも不十分であって、だから系統立って網羅する技術体系が必要だと思った次第です。そして忘れてならないのが、被害に遭うのは普通の女性であって、女子プロレスラーのように頑丈（もちろん鍛錬の結果ですが）でもないし、武道の達人みたいに瞬時に反撃できる（もちろん修行の結果です）わけでもないということです。

ごく普通の女学生や社会人、小さなお子さん連れの若いママさんやベテランママさん、そして孫を公園で遊ばせているような元気なおばあちゃんにもできる護身の技術は、今まであるようでなかったのです。

白昼の平和な街中で突如豹変して襲いかかる輩、満員電車の中での卑劣極まりない痴漢、どこまでがセクハラ行為に当たるのかなんて考えもしない化石脳オヤジ、そして財物やボディを狙う暴漢。そんな危険極まりない社会に暮らす女性にこそ、「女性ごしん法」が必要とされるでしょう。

この本は、「女性ごしん法」が独習できるように、できるだけ丁寧に技術の解説をしていますが、正直なところこれだけで理解体得できる人は少ないでしょう。それでも、何もしないよりは、こんなアタックもあるんだ、こんな対処法もあるんだ程度に知っておいた方がいいに決まっています。

まったくの夢物語ですが、この本がヒットして、日本中に女性ごしん法を習う人が増えて、どうしてもお願いしますと乞われる形で全国の支部を指導して回る、そんな日が来るといいと思います。ただしもう、年も年ですから、全力で動けるのは3分間だけなのです。

最後に全女性の安全・安心を願いつつ、ごきげんよう。

川合 宣雄

◆著者略歴

川合 宣雄（かわい のりお）

1947年、東京都立川市に生まれる。

海外を放浪のように旅すること数度。いくつかのペンネームで、さまざまなジャンルの官能小説を書くが、真面目な作品もないわけではない。

著書に、『中国超級旅游術』『モンゴル悠游旅行術』『中南米ひとり旅』『各駅停車中央線の旅』など。


少林寺拳法有段者の小説家が「女性向け護身術」に噛みつく

2023年5月4日　初版第1刷発行

著　者　川合 宣雄
発行者　池田 雅行
発行所　株式会社 ごま書房新社
〒167-0051
東京都杉並区荻窪4-32-3
AKオギクボビル201
TEL 03-6910-0481（代）
FAX 03-6910-0482
カバーデザイン　（株）オセロ 大谷 治之
DTP　海谷 千加子
印刷・製本　精文堂印刷株式会社

ISBN978-4-341-08837-8 C0075